ANTOINE RENOU

PREMIER SECRÉTAIRE PERPÉTUEL

DE L'ÉCOLE NATIONALE DES BEAUX-ARTS

(1793-1806)

PAR

HENRY JOUIN

SIXIÈME SECRÉTAIRE DE L'ÉCOLE

Antoine Renou de 1731 à 1793. — L'École des Beaux-Arts. — Création. — Débuts. — Heures difficiles — La Tête d'expression. — Le Torse. — Constitution du premier Jury (1796). — La petite Robinea. — Renou subvient, de ses deniers, aux besoins de l'Ecole (1796). — Rétablissement du Prix de Rome (1797). — Roland, Moitte, Stouf, Chaudet, Lemot, membres du Jury (1798). — Les morceaux de réception des Académiciens. — Les Portraits des Professeurs. — Le service militaire obligatoire (1799). — Phélipot, le concierge, ami de Diderot. — Les Professeurs de l'Ecole abandonnent leur traitement (1799). — Félix Le Comte administrateur (1800). — Marin, lauréat du prix de Rome à 52 ans ! (1801). — Mort de Mouchy, Julien, Madame Vien, Bridan, Lagrenée l'aîné, Fragonard. — Les premiers pensionnaires de la Villa Médicis (1803). — Vincent et le concours d'Émulation (1804). — Obsèques de Greuze (1805). — L'arrêté organique du 20 décembre 1805.

Ouvrage orné d'une planche hors texte

Tiré à petit nombre

N'EST PAS EN VENTE

VENDOME

IMPRIMÉ POUR L'AUTEUR

par les soins de M. Vilette

—

1905

ANTOINE RENOU

PREMIER SECRÉTAIRE PERPÉTUEL

DE L'ÉCOLE NATIONALE DES BEAUX-ARTS

ANTOINE RENOU

PREMIER SECRÉTAIRE PERPÉTUEL

DE L'ÉCOLE NATIONALE DES BEAUX-ARTS

(1793-1806)

PAR

HENRY JOUIN

SIXIÈME SECRÉTAIRE DE L'ÉCOLE

Antoine Renou de 1731 à 1793. — L'École des Beaux-Arts. — Création. — Débuts. — Heures difficiles — La Tête d'expression. — Le Torse. — Constitution du premier Jury (1796). — La petite Robinea. — Renou subvient, de ses deniers, aux besoins de l'École (1796). — Rétablissement du Prix de Rome (1797). — Roland, Moitte, Stouf, Chaudet, Lemot, membres du Jury (1798). — Les morceaux de réception des Académiciens. — Les Portraits des Professeurs. — Le service militaire obligatoire (1799). — Phélipot, le concierge, ami de Diderot. — Les Professeurs de l'École abandonnent leur traitement (1799). — Félix Le Comte administrateur (1800). — Marin, lauréat du prix de Rome à 52 ans ! (1801). — Mort de Mouchy, Julien, Madame Vien, Bridan, Lagrenée l'aîné, Fragonard. — Les premiers pensionnaires de la Villa Médicis (1803). — Vincent et le concours d'Émulation (1804). — Obsèques de Greuze (1805). — L'arrêté organique du 20 décembre 1805.

Ouvrage orné d'une planche hors texte

Tiré à petit nombre

N'EST PAS EN VENTE

VENDOME

IMPRIMÉ POUR L'AUTEUR

par les soins de M. Vilette

—

1905

AVANT-PROPOS

Lorsque M. Léon Bourgeois, alors ministre de l'Instruction publique et des Beaux-Arts, nous eût appelé aux fonctions enviables de Secrétaire de l'École des Beaux-Arts (24 février 1891), la pensée nous vint d'écrire l'histoire de cette grande maison. Le Palais, ses agrandissements, son décor, ses collections avaient tenté jadis la plume d'un confrère, Eugène Müntz : son livre est fait. Mais les études, les concours, les maîtres, la vie qui s'est manifestée dans l'École, pendant un siècle de fonctionnement et de progrès, devaient fournir matière à la composition d'un travail, que signerait volontiers un historiographe doublé d'un critique.

De 1793 à 1863, l'École est gouvernée par l'Assemblée des Professeurs, assistée d'un Secrétaire perpétuel. Celui-ci est le centre, l'axe vers lequel tout converge. Le nombre des Secrétaires décidait du nombre de nos chapitres. Et, comme ces fonctionnaires se recommandent à l'attention de l'historien par leur mérite personnel, non moins que par leurs fonctions, il nous parut logique de leur consacrer des monographies, au cours desquelles nous rendrions justice à leurs aptitudes, à leur caractère, en relatant les services publics qu'ils ont pu rendre dans le poste élevé où se dépensait leur activité. On fractionne volontiers par règnes l'histoire d'un empire. C'est une méthode courante. Nous avons donc groupé les faits que comporte le tableau scolaire, dont le cadre était à remplir, par périodes inégales correspondant à la vie administrative de chaque Secrétaire.

Ils sont au nombre de cinq : Antoine Renou (1793-1806); Léonor Mérimée (1806-1836) ; Aristide Dumont (1836-1853) ; Léon Vinit (1853-1862) ; Albert Lenoir (1er juin 1862-14 novembre 1863).

En 1863, l'administration de l'École est transformée. A l'Assemblée *des Professeurs succède un Conseil supérieur ; au Secrétaire perpétuel, un Directeur.*

De 1863 à ce jour, les Directeurs se sont appelés Robert-Fleury (1863-1866) ; M. Eugène Guillaume (1866-1878) ; M. Paul-Dubois (1878-   ).

Dans notre plan, les monographies des Directeurs auraient fait suite à celles des Secrétaires perpétuels ; nous aurions dit l'organisation logique de l'enseignement de l'architecture et l'institution du diplôme d'architecte, dues à l'initiative de M. Guillaume ; nous aurions dit le fonctionnement du concours Chenavard, la pensée haute qui a présidé à cette création, de tous points supérieure aux exercices similaires qui s'exécutent à l'École. C'est à M. Paul Dubois, et à lui seul, qu'appartient l'honneur d'avoir élaboré les prescriptions libérales qui régissent ce concours, plus large, plus dégagé d'entraves ou de formules, plus en harmonie avec le tempérament personnel de chacun, que ne l'est le concours de Rome.

Qu'est-il advenu de ce projet ? Le poète des Feuilles d'automne va nous le dire.

Nous sommes en mai 1830 : Sainte-Beuve et Louis Boulanger, que Victor Hugo appelle encore « ses amis », sont partis pour Rouen. Le poète leur écrit :

> *C'est Rouen qui vous a, Rouen qui vous enlève !*
> *Je ne m'en plaindrai pas. J'ai souvent fait ce rêve*
> *D'aller voir Saint-Ouen à moitié démoli,*
> *Et tout m'a retenu, la famille, l'étude,*
> *Mille soins, et surtout la vague inquiétude*
> *Qui fait que l'homme craint son désir accompli.*
>
> *J'ai différé. La vie à différer se passe.*
> *De projets en projets, et d'espace en espace*
> *Le fol esprit de l'homme en tout temps s'envola.*
> *Un jour, enfin, lassés du songe qui nous leurre,*
> *Nous disons : « Il est temps. Exécutons ! C'est l'heure. »*
> *Alors nous retournons les yeux, la mort est là !*

« *La vie à différer se passe !* » Ce n'est pas à dire qu'elle s'écoule oisive. Mais « *l'étude, mille soins* » font obstacle à l'exécution rapide de plans trop nombreux ou trop vastes. Selon toute vraisemblance, un autre que nous écrira l'histoire de l'École des Beaux-Arts...

Mais un chapitre, le premier, non le moins difficile, est composé. Nous en avons donné quelques feuillets dans l'Artiste, où ce récit était en son lieu. Puis, l'Artiste a disparu, emporté dans le néant par la mort trop prompte de son directeur. Nous publions ici le texte intégral de la monographie d'Antoine Renou, non pour nous créer un titre à la considération des lettrés, car la présente étude n'est pas sans quelque aridité. Mais notre espérance est de susciter, par ce modeste écrit, un continuateur de l'œuvre qui nous avait séduit.

Surprendre, à l'heure des promesses, les maîtres de l'École française, dire les succès qui ont marqué leurs débuts, rendre hommage aux éducateurs, mettre en lumière la sollicitude des pouvoirs publics envers la jeunesse éprise d'idéal et de beauté tangible, acclamer les donateurs qui, chaque jour, s'efforcent d'aplanir, par des dotations généreuses, le sentier difficile, étroit, rebutant où l'artiste sans fortune risque de défaillir, quelle tâche plus digne d'un historien de l'art et d'un Français !

H. J.

ANTOINE RENOU

PREMIER SECRÉTAIRE PERPÉTUEL DE L'ÉCOLE
DES BEAUX-ARTS

Parisien et lettré. Tel est le double titre qu'il convient d'appliquer à Renou aux approches de sa dix-huitième année. Il est parisien, c'est-à-dire doué de vivacité, de finesse, homme de bonnes manières, élégant dans sa mise, mais mobile, superficiel, et déjà prêt aux aventures. Renou, né à Paris en 1731, a grandi au milieu des événements les plus divers. Nous sommes à l'époque des convulsionnaires de la Cour des Miracles, de l'élévation de Madame de Chateauroux, promptement remplacée dans les conseils du roi par Madame de Pompadour. La France est en guerre sur une partie du continent. Berwick, Villars, Maurice de Saxe, Lowendal se succèdent à la tête des armées, presque invariablement victorieuses. Louis XV, que l'ennemi accable, jugeant à propos d'imiter son aïeul, veut être présent dans les Flandres lorsque ses généraux prendront Courtrai, Menin, Ypres et Furnes. Les Anglais se souviendront toujours de Fontenoy. Deux princes briguent le trône de Pologne. Le moins ambitieux, Stanislas Leczinski, se contentera de l'usufruit du duché de Lorraine et de Bar. Dupleix est vainqueur dans les Indes. Montcalm n'est pas encore assiégé dans Québec. Le déclin du règne est proche; on le pressent, mais la Cour est à Trianon, à la Muette, à Choisy, à Crécy. Le peuple de Paris manque de pain, et la favorite est prodigue. Le roi commande en un seul jour pour huit cent mille livres de porcelaines à la manufacture royale de Vincennes. Le théâtre des petits cabinets, onéreux au Trésor, alimente la chronique. D'autre part, le contrôleur général des Bâtiments ouvre au public, dans le palais du Luxembourg, la collection des tableaux du roi. On colporte sous le manteau les premiers cahiers de l'*Encyclopédie*. C'en est assez pour que les esprits soient occupés. Le bruit, le mouvement, l'éclat font illusion. Une sécurité factice porte la jeunesse à chercher le bien-être, le plaisir, une prompte célébrité. Quant aux convictions, elles sont rares. Le caractère, à toute époque, est l'apanage du petit nombre, mais au contact d'une société frivole, sans but, sans frein moral, telle que nous apparaît la société française vers 1750, la jeunesse ne soupçonne pas, et il faut l'excuser, les merveilleuses ressources que porte en soi le caractère.

Renou est de son époque. Il ne fait pas exception. Bien doué, d'ailleurs, sous le rapport de l'esprit, on le voit acquérir une instruction brillante. Il débute par le collège des Jésuites, et l'un de ses contemporains nous apprend que « l'amour des lettres, celui de la gloire stimulant ses efforts, il fut toujours le premier, ou au moins le second de sa classe; distingué également dans tous les concours, il obtint souvent des couronnes à l'Université ». Voilà de belles promesses. Au sortir du collège des Quatre-Nations, où il avait fait sa rhétorique, Renou était en mesure de tenir la plume. Nous l'avons dit : parisien et lettré.

Selon toute apparence, Renou négligea de penser longuement à sa vocation. Cette lecture intérieure, *intus legere,* si nécessaire à l'homme qui entre dans la vie, ce regard élevé que l'adolescent, en quête de son avenir, porte sur lui-même, cette interrogation patiente et répétée à laquelle répond une conscience libre, apaisée,

Renou n'en saisit pas l'importance. Le premier caprice décida de sa destinée.

Au surplus, un événement fortuit, dont la date coïncide avec les derniers jours d'étude de notre écolier, a bien pu le détourner de la culture des lettres pour l'incliner vers la pratique de l'art.

Douze des maîtres les plus en vogue devinrent tout à coup l'objet de la curiosité des salons, de l'acclamation des oisifs et des délicats. Qu'est-ce donc que ces hommes avaient fait pour s'attirer ce surcroît de renommée? D'où venaient-ils? L'étape qu'ils avaient fournie n'était pas longue. On les avait vu descendre la pente adoucie d'un côteau qui domine la Seine, entre Sèvres et Meudon. Ce coteau s'appelle encore Bellevue; mais vers le milieu du XVIIIe siècle, une fée dissipatrice, trop vite obéie, avait touché la cime de la colline de sa baguette magique. Et pourquoi ne pas dire la date précise de cet incident puisqu'elle est connue? C'est le 30 juin 1748 que l'événement avait eu lieu. Le jour tombait. L'air était imprégné des doux parfums de l'été. Une brise tiède tempérait les chauds effluves qui montaient du sol brûlé par le soleil. La fée parcourut d'un pas rapide le plateau restreint qui domine Bellevue. Elle prononça quelques mots, à peine saisis par son escorte, puis elle disparut. Le lendemain, huit cents ouvriers s'emparaient de la colline. Terrassiers, maçons, architectes, ingénieurs, jardiniers, tous se mirent à l'œuvre à la même heure. Peu après, un élégant château couronna Bellevue.

Jean Cailleteau, dit L'Assurance, membre de l'Académie d'architecture, architecte ordinaire du roi, contrôleur des bâtiments de Fontainebleau, avait tracé les plans et dirigé la construction. A son appel, Lambert-Sigisbert Adam avait sculpté, pour la salle d'entrée, la *Poésie*, Etienne-Maurice Falconet, la *Musique*, Jacques

Saly, l'*Amour*. Les galeries avaient été confiées à l'habile sculpteur sur bois, Jacques Verbeck. Ce fut lui qui se chargea de tailler les délicates bordures, faites de guirlandes et de trophées, dans lesquelles vinrent s'enchasser les panneaux de François Boucher, rappelant des paysages de Chine. Ce même Boucher reçut la mission de peindre une *Adoration des Bergers* qui prit place dans la chapelle, car il y eut une chapelle au château. La salle à manger fut redevable de sa parure à Jean-Baptiste Oudry dont le pinceau fertile savait multiplier à l'infini les épagneuls, les chiens barbets et les lévriers. Carle Vanloo s'était chargé des allégories des *Arts*, de la *Comédie*, la fée du lieu, fine comédienne, se promettant plus d'un succès sur le théâtre que dressaient d'habiles machinistes. Claude-Joseph Vernet s'était enfermé dans l'appartement destiné au Dauphin et rien ne le pouvait distraire de la composition de ses *Marines*. Brunetti, le père, multipliait ses détails d'architecture simulée dans l'escalier d'honneur; son fils suspendait çà et là ses gracieux panneaux *Ariane et Bacchus, Zéphyre et Flore, Diane et Endymion, Mars et Vénus,* tandis que Guillaume Coustou, le fils, couvrait une paroi, demeurée libre, de son bas-relief *Galatée sur les eaux;* que Jean-Baptiste Pigalle, à mi-chemin de Bellevue, stimulait l'attelage parti de Paris, amenant le groupe de l'*Amour et l'Amitié*, la statue de Louis XV et celle de Madame de Pompadour qui a passé, voilà quelque cinquante ans, dans la collection du marquis d'Hertfort, où le marquis de Chennevières l'a ressaisie pour en fixer l'image dans ses *Portrait inédits d'artistes français*. Mais n'allais-je pas oublier Jean-Baptiste-Marie Pierre, professeur à l'Académie, très en vue, très goûté, un futur premier peintre? Il avait exécuté pour la salle de musique *Psyché retirée du fleuve par les nymphes.*

L'opinion publique initiée à toutes ces merveilles, dont l'entassement fit sensation au Salon de 1750, se prononça pour les vaillants artistes qui les avaient signées. On ne tarit pas en louanges sur Boucher, Vanloo, Vernet, Oudry, Pierre, Adam, Falconet, Coustou, Pigalle. On ne trouva pas excessif que L'Assurance, l'architecte de Bellevue, reçût le cordon de Saint-Michel, mais, en revanche, on ne pardonna guère à la favorite ce nouveau caprice. Madame de Pompadour fut hautement blâmée de gaspiller, selon ses fantaisies, l'argent du Trésor. La rapidité avec laquelle les travaux furent conduits, — je n'ai pas dit encore que Bellevue fut construit et orné en moins de vingt-neuf mois, — donna lieu de penser que ce château féerique avait coûté des sommes fabuleuses. Le peuple de Paris parlait de six millions engloutis. La vérité est que Bellevue revenait à deux millions cinq cent mille livres. Mais quel moyen de faire prévaloir la vérité dans les moments d'effervescence populaire? Quoi qu'il en soit, les artistes qui avaient décoré la résidence de Madame de Pompadour ne furent pas enveloppés dans la défaveur qui s'attachait à sa personne. Bien au contraire, on oublia la destination des toiles et des marbres si brillamment exécutés, et les peintres gracieux, les sculpteurs élégants, dont les œuvres allaient prendre place dans une résidence dont on répudiait le luxe, se virent accueillis, honorés par tous. C'est ainsi que l'artiste jouit de privilèges refusés à l'homme de lettres. Un historien porte au front, sa vie durant, le titre de ses œuvres le plus souvent écrites de bonne foi, sous la dictée de l'opinion. Survienne un coup de barre qui change la direction du navire, que le personnage apprécié la veille se trouve en butte à une impopularité soudaine, c'en est fait du livre et de son auteur. Autre est le sort d'un tableau, d'une statue, dans lesquels pourtant l'artiste a mis toute son âme, tout son génie, de même que l'historien s'était donné dans son ouvrage. L'œuvre peinte ou sculptée demeure. Les retours de la politique, le bouleversement des empires ne font pas obstacle à l'équité des générations qui se succèdent. Il semble que le sujet traité disparaisse sous le chatoiement de la couleur, la puissance du modelé, la science de la composition.

Antoine Renou ne dut pas rester étranger à l'engouement de ses contemporains. Le courant l'emporta. Il eut l'espoir de conquérir sa part de réputation, d'honneurs, de fortune s'il se donnait à l'art. Avec la promptitude, pour ne pas dire la précipitation qu'il apportera dans ses entreprises, il s'en va frapper sans plus de retard à la porte du peintre Jean-Baptiste-Marie Pierre.

Ce n'est pas Diderot qui, dans la circonstance, fut le conseiller de Renou. Diderot savait par cœur ce qui manquait à Pierre pour former un artiste. Pierre avait de l'habileté, du jet, de la vivacité, de l'imagination, du brio, mais il avait aussi de la mémoire, et c'est ce qui le perdait. Il s'était trop bien assimilé les maîtres de la décadence italienne, et, lorsqu'il prenait sa palette, sans y songer, il redevenait le disciple de ces hommes amoindris, de ces talents de syntaxe, sans flamme réelle, sans personnalité. Mais Pierre s'y trompa lui-même. Riche, distingué, Pierre avait tous les bonheurs. Il était l'homme adulé. C'est à peine si la Cour et la Ville lui laissaient le temps de désirer un titre, une fonction, une commande enviable : il obtenait toutes choses par enchantement.

Renou passa plusieurs années dans l'atelier de ce maître. Tout à coup, il s'en sépara pour entrer chez Vien.

Que vous en semble? La pénétration serait-elle devenue l'une des vertus de Renou? S'est-il rendu compte de ce qu'il y a de factice dans les procédés de Pierre? A-t-il l'intuition du rôle prépondérant que Vien va tout à l'heure remplir dans l'Ecole française? Il se peut. Les peintures de Vien ne jouissaient pas d'une grande vogue, mais il avait du moins des principes, une doctrine. Vien préconisait l'étude de la nature. En ce temps-là, cette vérité si simple paraissait inutile, sinon dangereuse. A quoi bon la nature? Les réminiscences n'étaient-elles pas suffisantes? Si l'on consultait le modèle, que deviendrait la manière? Or, les plus habiles, les plus goûtés avaient une manière. Vien voulut réagir. Son pinceau faiblit souvent, mais l'homme ne varia jamais dans ses conseils. De là l'excellence de son enseignement. Il était bon de l'écouter, de lui obéir sans regarder ses toiles. Boucher, l'inépuisable et facile Boucher, qui mettait sa gloire à se passer de modèles, plaça son fils sous la conduite de Vien. Cet acte honore plus Boucher que dix de ses plafonds.

Sans nul doute, les enseignements de Vien ne furent pas inutiles à Renou, car, en 1758, il remporta le deuxième grand-prix de Rome. Le sujet du concours était *Abraham conduit Isaac pour l'offrir en sacrifice*. Ce début promet. Il y a lieu d'espérer que le lauréat, encouragé par un premier succès, va redoubler d'efforts et s'assurer la pension du Roi en Italie. Encore une année, deux tout au plus, et Renou obtiendra le premier prix.

C'est le mal connaître que de l'estimer capable de persévérance. Je ne sais qui a pu lui dire que Stanislas Leczinski, forcé par le traité de Vienne d'abdiquer la couronne de Pologne, et réfugié depuis 1737 dans le duché de Lorraine, accueillerait à sa cour un peintre jeune, intelligent, instruit, de bon ton. L'impatience de Renou ne connait plus de bornes. Son esprit est en travail. La prudence lui conseillerait sans doute de réfléchir. Stanislas est plus qu'octogénaire. Il n'aura pas de successeur. S'il vient à mourir dans un avenir prochain, quel sera le sort de son entourage? Les fidèles de ce roi sans couronne se verront dispersés. Et l'heure sera passée pour Renou de s'assurer le premier rang parmi les élèves de l'Académie. S'il raisonnait ainsi, le disciple de Vien poursuivrait ses études. Mais la folle du logis lui tient un autre langage. Elle lui nomme Amédée Vanloo, peintre de Frédéric le Grand, qui orne de ses toiles le château de Postdam, le Versailles de la Prusse, tandis que l'un des Adam travaille à Sans-Souci; elle lui rappelle que le sculpteur Gillet vient de se rendre à l'invitation de l'impératrice de Russie qui lui réserve le poste de directeur de l'Académie de Saint-Pétersbourg; elle excite son ambition par l'exemple de Louis-Michel Vanloo, premier peintre de Philippe V; en Danemark, le sculpteur en titre de Christian VI est un Français, Louis-Auguste Leclerc; Jacques-Philippe Bouchardon, le frère d'Edme, est le sculpteur du roi de Suède, et hier encore le peintre de la cour de Stockholm ne s'appelait-il pas Thomas-Raphaël Taraval? Enfin n'est-ce pas encore un Français, Frédéric-Guillaume Dubut, qui remplit les fonctions de sculpteur et médailleur de la Cour auprès d'Auguste III, roi de Pologne? Prendre rang dans cette phalange d'artistes qui tous sont comblés d'honneurs est une rare fortune pour un jeune homme. Renou cède au mirage. Sans doute la cour où il va pénétrer n'a pas le prestige de celle de Prusse, d'Espagne, de Suède ou de Russie, mais le prince qu'il a l'ambition de servir est aimé de son peuple. On l'appelle Stanislas le Bienfaisant. C'est un souverain plein de sagesse et de mansuétude. Il a réduit les impôts, doté Nancy et Lunéville de monuments somptueux, ouvert des hôpitaux, créé des collèges et fondé l'Académie royale qui porte encore de nos jours le titre d'Académie Stanislas. Enfin, ce prince est en commerce épistolaire avec Rousseau, Voltaire, Montesquieu. Renou, sachant tout cela mieux que nous ne le savons nous-même, prit le chemin de la Lorraine et fut attaché à la personne du Roi.

Un ami de Renou, Nicolas Ponce, veut que notre artiste ait été appelé à la Cour du roi Stanislas avec le titre de peintre de ce prince. Acceptons son dire. Ponce poursuit en ces termes :

« Renou jouit de toute la considération, de tous les avantages que ses qualités personnelles devaient lui faire obtenir. Estimé, recherché de toute la Cour, distingué par un prince dont les malheurs avaient rendu les vertus et la bonté encore plus intéressantes, M. Renou se trouva en quelque sorte nécessaire à cette Cour par la diversité de ses talents. Doué d'une belle figure, d'une taille avantageuse et d'un bel organe, possédant cette politesse, ce ton de bonne société qui semble distinguer particulièrement les Français du XVIIIe siècle, il brillait également à Lunéville, soit qu'il y prit le masque de Thalie, la lyre d'Anacréon, ou le pinceau d'Apelle. »

Je n'ai pas besoin, ce me semble, de dire à quelle date Ponce tient la plume. La périphrase, chère aux écrivains du Premier Empire lui est, on le voit, familière. Mais, sous sa forme apprêtée, la prose de l'ami de Renou ne laisse pas d'être instructive. Peintre en titre du roi Stanislas, je le veux bien; Renou dut être cela puisque Nicolas Ponce l'affirme, mais Renou fut autre chose. A travers l'éloge qu'on lui décerne, j'aperçois Renou homme de salon, danseur, poète, comédien. Il m'apparaît comme le type du courtisan de bon aloi. C'est un duc d'Antin, sans les Bâtiments, et sur une scène moins vaste que Versailles. Occupé qu'il était de ces soins multiples, du madrigal attendu, de la pièce en répétition, du bal prochain, de la chasse commencée, de la cavalcade aux flambeaux qui se prépare, que devint sa palette? Je crois qu'il l'oublia dans quelque coin du palais et qu'on l'eût embarrassé en lui confiant la tâche de brosser un dessus de porte ou l'effigie de son prince.

Ce qui m'incline à penser de la sorte, c'est que les archives du duché de Lorraine, les mémoires de l'Académie de Stanislas, ceux de la Société d'Archéologie Lorraine n'ont conservé nulle trace de Renou (1). Si j'interroge Durival, Chevrier, Michel, Lepage, Meaume, Joly, Saint-Mauris, tous ces hommes de savoir et de conscience, justement épris de leur province dont ils ont été les minutieux historiographes, ma question les étonne. Renou ne leur est pas connu. C'est donc qu'il n'a pas laissé d'œuvres dans cette Cour dont il était le rire, le mouvement, l'improvisation, l'élégance, mais non l'ntelligence et la main soucieuses d'imposer au temps par des productions réfléchies et d'un style élevé.

Si je consulte les comptes mis au jour par Lepage, je découvre à la date de 1765 un peintre d'histoire et de paysage à la cour de Stanislas. Il s'appelle Charles Claudot. C'est lui qui orne de peintures l'hôtel du Gouvernement. Un graveur, Dominique Collin, travaille également pour le Roi. Jean Lamour et vingt autres artistes sont aux gages du prince. Stanislas veut-il doter de son portrait en pied la salle d'assemblée de l'Hôtel de Ville, c'est à Girardet, qualifié du titre de Premier Peintre, qu'il confie cet ouvrage. Renou est évidemment retenu par des fonctions auxquelles l'élève de Vien ne parais-

---

(1) C'est à M. Albert Jacquot, correspondant du Comité des sociétés des Beaux-Arts des départements à Nancy, auteur d'études appréciées sur les Richier et les Wiriot-Wociriot, que je suis redevable de cette constatation. M. Jacquot a bien voulu me suppléer dans les recherches que mon sujet m'obligeait à faire aux dépôts d'archives de Lorraine.

sait pas destiné. Qui sait ? Voilà que Stanislas ordonne le paiement d'une « indemnité des dépenses que la demoiselle Nicetti, directrice de la Comédie, s'est imposées en faisant venir de Paris M. Lekain, célèbre acteur qui a joué cinq jours sur le théâtre de Nancy avec beaucoup d'applaudissements ». Je penserais volontiers que Renou n'est pas étranger au voyage de Lekain à Nancy. Négocier le déplacement d'un tragédien, n'est-ce pas l'office d'un maître du palais ou d'un chambellan? Or, si Ponce a dit vrai, Renou ressemble d'assez près à un chambellan.

L'année 1765 est l'une des mieux remplies de l'existence du roi Stanislas. C'est avec une sorte de hâte qu'il multiplie les fondations utiles dans son duché. Il réforme, il affermit, il achève. Quels présages l'agitent? Sans doute le prince n'est plus jeune. Il s'en faut de peu qu'il ne soit nonagénaire, mais les années clémentes l'ont touché de l'aile sans le courber. Ne vient-il pas de publier sa traduction de la Bible en vers polonais ? Son caractère égal, son esprit plein de vivacité permettent d'augurer que le duché de Lorraine est pour longtemps encore sous le sceptre de ce roi philosophe.

Au début de l'année 1766, le 5 février, Stanislas était seul dans son appartement au palais de Lunéville. L'hiver sévissait. Des quartiers de hêtre pétillaient dans la cheminée. Le prince avait gardé sa robe du matin. S'étant approché du foyer, son vêtement prit feu. Le Roi voulut l'éteindre. Il se pencha, perdit l'équilibre et, blessé dans sa chute par un chenet, il demeura gisant sur les flammes. Lorsque la fumée qui envahit le palais eût révélé quelque chose d'insolite dans la chambre du Roi, on accourut. Il était trop tard. Stanislas, à moitié carbonisé, ne put être sauvé. Après une agonie de plusieurs semaines, il succomba le 23 février. La Cour souveraine prit un arrêt ordonnant de sonner dans toutes les paroisses et défendant les spectacles, danses et jeux publics. La Lorraine fut en deuil. Les restes mortels de Stanislas le Bienfaisant apportés à Nancy prirent place auprès de la dépouille de sa femme, Catherine Opalinska, morte en 1747. Quelques mois après la mort du prince, les magistrats de la ville de Nancy firent célébrer dans l'église paroissiale de Saint-Roch un service solennel, et le catafalque, dressé pour la circonstance au centre de la nef, fut demandé aux peintres Claudot et Girardet, aux sculpteurs Joseph Béchant et Jean-Joseph Soutgen, de Coesfeld, en Westphalie, attachés à la personne du feu roi. Mais à l'heure où l'on rendait ces suprêmes hommages à Stanislas, dans la capitale de la Lorraine, Renou devait être déjà de retour à Paris.

Sans perdre de temps, il reprend ses pinceaux, couvre prestement quelques toiles, et, se réclamant du patronage de ses anciens maîtres, Pierre et Vien, on le voit porter à l'Académie de peinture un certain nombre de ses ouvrages. L'Académie, présidée par Allegrain, le 6 septembre 1766, met aux voix la présentation de Renou. Celui-ci est admis à titre d'agréé.

Désormais, il a le droit d'exposer au Salon. De 1767 à 1773, notre peintre est sur la brèche. Il envoie tout d'abord un grand tableau qui lui a été commandé pour l'église du collège Louis-le-Grand : *Jésus-Christ à l'âge de douze ans, conversant avec les docteurs de la Loi*. Diverses études et une esquisse complètent son envoi. Renou a-t-il été l'objet d'interrogations gênantes sur son rôle à la Cour de Stanislas? Il prend soin de faire inscrire au livret de 1767 que l'esquisse exposée par lui est le projet d'un tableau destiné à feu S. M. le roi de Pologne, duc de Lorraine. Les Ursulines de Lyon s'adressent à lui. Elles voudraient une peinture résumant l'histoire de leur institut. Renou s'empresse d'exécuter un tableau dont le titre vaut une description : *Sainte Angèle présente les Ursulines, dont elle est la fondatrice, à sainte Ursule, et lui montre en même temps saint Augustin dont elles suivent la règle*. Une *Vestale* et diverses études sont suspendues autour de cette toile au Salon de 1769. Nous ne connaissons pas les sujets traités par l'artiste pour le Salon de 1771, mais deux ans plus tard il expose une *Nymphe couronnant l'Amour après lui avoir arraché les ailes*. La tête de cette nymphe était un portrait : celui de Mademoiselle Costé. *Clytie, Biblis* faisaient cortège à la *Nymphe couronnant l'Amour*. Renou sacrifie à l'allégorie. La peinture religieuse cesse, pour un temps, d'avoir ses préférences. Il se donne tout entier aux dieux de la Fable.

La fertilité de notre peintre ne parvint pas à lui concilier la critique. En 1767, Diderot consacre à Renou près de huit pages. Je me souviens de les avoir lues et ne veux pas les relire. Diderot y a mis de la cruauté. « C'est Renou qui a fait le livret. Il a cru que nous lui donnerions au Salon autant d'attention qu'il occuperait d'espace sur le catalogue. » Mais Diderot n'y songe pas. Sa colère déborde, et huit pages d'invectives, c'est vraiment trop. Je soupçonne quelque froissement. Les deux hommes ont dû se heurter; tant de fiel sent la rancune.

La critique du Salon de 1771, par Diderot, publiée voilà quelque trente ans dans la *Revue de Paris*, par M. Walferdin, renferme ces quatre lignes :

« Renou. — Sainte Angèle présentant à sainte Ursule les religieuses ursulines qu'elle a assemblées sous son nom et soumises à la règle de saint Augustin. — Plusieurs tableaux, même numéro. — Je ne les ai point vus. »

Le trait est méchant, mais la blessure est peu grave.

En 1773, Diderot n'écrivit rien sur le Salon. Catherine de Russie l'avait nommé conservateur à vie de sa bibliothèque. Les appointements de cette charge avaient permis à l'écrivain de doter sa fille. Il estima qu'il devait une visite à son impériale bienfaitrice, et Renou ne dut pas regretter l'absence du critique.

Le continuateur de Bachaumont aurait-il pris conseil de Diderot? Les *Mémoires secrets* sont perfides à l'endroit de Renou. On y lit, par exemple, que la *Nymphe couronnant l'Amour* aurait été enlevée « ignominieusement » du Salon par l'ordre des officiers de l'Académie, et spécialement à l'instigation de Pierre. Hé quoi! Pierre, le premier maître de Renou! Faut-il ajouter foi à tous ces récits? Nous ne sommes pas au bout. Renou se serait vengé par un opuscule anonyme sur le Salon, dont voici le titre : *Dialogue sur la peinture, seconde édition enrichie de notes. A Paris, imprimé chez Tartouillis aux dépens de l'Académie et se distribue à la porte du Salon.*

Les mots « seconde édition » n'ont d'autre but que de donner le change sur la diffusion d'une brochure acerbe qui ne fut tirée, — c'est M. Guiffrey qui l'affirme, — qu'à cent exemplaires, presque tous saisis par la police. Pierre était particulièrement malmené dans ce pamphlet, et le digne peintre en fit une maladie. Au surplus, Vernet, Greuze et d'autres encore n'avaient pas trouvé grâce devant le pamphlétaire. Quelles preuves donne le continuateur de Bachaumont pour attribuer à Renou la composition de cette brochure? Aucune. Il le suppose blessé par l'Académie et l'accuse naturellement des attaques dirigées contre plusieurs académiciens. C'est aller bien vite. N'oublions pas que Renou deviendra sous peu le suppléant de Cochin dans le poste de confiance et d'honneur de secrétaire de l'Académie. Les hommes si cruellement fustigés par l'auteur des *Dialogues*, en 1773, auraient-ils oublié, en 1776, l'injure dont ils avaient souffert pour placer à leur tête celui-là même qui les aurait injuriés? Je n'en crois rien. Et Renou! quelle eût été son attitude en pareil conflit? On ne brigue pas de fonctions dans un milieu que l'on méprise. Je crois que le rédacteur des *Mémoires secrets* en est pour une méchanceté de plus.

Cette année 1773 tient une place importante dans la vie de Renou. Pendant que je m'attarde à peser la valeur d'une insinuation malveillante lancée contre le peintre par un descendant de Bachaumont, j'omets de dire que l'homme de lettres a repris le pas sur l'artiste. Renou était hier à la Comédie-Française, Renou est l'auteur d'une tragédie, et il a obtenu qu'on la mît à la scène.

L'aventure vaut la peine d'être racontée.

En ce temps-là vivait un poète honnête homme, Antoine-Marius Lemierre. Fils d'artisan, Lemierre a droit au respect par son intelligence, son travail, ses vertus domestiques, son caractère. Rival de La Harpe, de Dubelloy, de Crébillon, moins grand que Voltaire, inférieur à Ducis, Lemierre s'est exercé dans le poème didactique et la tragédie. *Hypermnestre* fut son début sur la scène, début heureux. *Térée,* la seconde œuvre de Lemierre, échoua en 1761. Ce ne fut que justice. Ce Térée, roi de Thrace, n'est qu'un brigand. Il abuse de Philomèle, fille de Pandion, roi d'Athènes, et sa belle-sœur, puis il ordonne qu'on lui coupe la langue afin que son attentat demeure inconnu. Pour plus de sûreté, Térée séquestre Philomèle en la retenant dans un cachot. Progné, sa sœur, sera la libératrice de Philomèle. On aimerait Progné si elle s'en tenait là, mais les atrocités de ses proches lui inspirent un projet épouvantable. Elle fait servir à Térée, dans un festin, le corps de son fils Itys, et, précurseur d'Ugolin, Térée se repaît de sa propre chair. Au moins son ignorance est-elle une excuse au forfait nouveau qu'il vient de commettre. Tout à coup, Térée est instruit du sort de son enfant. Sa fureur ne connaît plus de limites. Il va massacrer Philomèle et Progné. Mais les dieux ont pitié des humains. Ces êtres dénaturés, hideux, pantelants, disparaissent. Les dieux les arrachent à la terre qu'ils ont souillée. Une triple métamorphose fait de Térée un épervier, de Philomèle un rossignol, de Progné une hirondelle.

Le simple récit de ces horreurs est à peine supportable. Placez sur la scène ces personnages sanguinaires, faites-les mouvoir, agir et parler, rendez-les tangibles et vivants, et la coupe déborde, le cœur se révolte, l'esprit condamne, l'œil se détourne. C'en est fait, cette fable impie et cruelle est bientôt repoussée par les spectateurs. Lemierre en fit l'expérience.

Il répara cet échec, et, entre temps, il ajoutait un chant à son poème sur la *Peinture* dont l'invention ne lui appartient pas tout entière, car l'abbé de Marsy, un latiniste érudit et harmonieux, mort en 1763, avait publié dès 1736 un livre apprécié sous le titre de *Pictura carmen*. La *Peinture* de Lemierre parut en 1769. De fréquentes réminiscences font de ce poème une imitation de l'œuvre de son devancier.

Mais, on le pressent, l'ouvrage de Lemierre le rapprocha des artistes. Il eut auprès d'eux quelque crédit. Ses opinions, ses avis sur l'art du peintre n'étaient pas ceux d'un profane. On lui prêtait quelque expérience. Il lui était permis de parler des tableaux avec autorité.

« Or, il arriva, — c'est Ponce qui nous l'apprend, — que Renou se trouvant un jour dans une société d'hommes de lettres connus, la discussion s'engage sur la prééminence et les difficultés de la peinture comparées à celles de la poésie, dispute qui, sans rien prouver, aigrit souvent des hommes appelés, ce semble, à ne rivaliser que d'estime et d'amitié. Lemierre, présent à cette dispute, soutient vivement la suprématie de l'art de Boileau ; Renou, celle de l'art de Raphaël ; enfin, Renou, poussé à bout, défie Lemierre de faire un tableau et s'engage à écrire une tragédie. Effectivement la tragédie fut faite et jouée au Théâtre-Français : cette pièce est imprimée ; c'est celle de *Térée et Philomèle.* »

Voilà bien Renou convaincu d'imprévoyance, de versatilité, de présomption. Peintre hâtif et discuté, que n'apporte-t-il tous ses soins à se perfectionner dans son art ? Agréé à l'Académie, que ne songe-t-il à son morceau de réception pour obtenir le titre d'académicien ? Pourquoi cette désertion de l'atelier, cette fugue sur le terrain mouvant de la poésie ? Tel est l'écueil des lettres ! Si encore le poète de Cour du roi Stanislas se bornait à quelques pages légères ! Mais non, il lui faut à plaisir accumuler les obstacles et courir à tous les récifs. Il ambitionne les applaudissements du parterre, il a fait une tragédie. N'est-ce que cela ? Sa tragédie est d'avance dans toutes les mémoires. On la connaît, on l'a vue, on l'a sifflée, elle a été rejetée dans le néant. Renou est l'homme de toutes les audaces.

Les *Mémoires secrets,* — car il y faut revenir, — nous révèlent le mot de l'énigme. Ce n'est pas de propos délibéré et par un sentiment d'ironie blessante à l'adresse de Lemierre que Renou fit choix pour sa tragédie de la légende de Térée. Non. Il paraît que le peintre était occupé à la composition d'un tableau rappelant les malheurs de Philomèle, au moment où Lemierre lui jeta le gant, et Renou de lui répondre : « Puisque vous allez sur nos brisées, nous irons sur les vôtres, je mettrai ce tableau en tragédie, »

Ainsi présentée, la résolution de Renou bénéficie

d'une circonstance atténuante, mais l'imprévoyance du poète subsiste. Les comédiens montrèrent peu d'empressement à jouer la tragédie de Renou, ce qui amena celui-ci à écrire une brochure virulente dans laquelle Lekain se trouvait pris à partie. Grand émoi chez MM. de la Comédie. *Genus irritabile*. Toutefois, le 3 juin 1773, la pièce vit le feu de la rampe et tomba. Elle ne fut jouée qu'une fois. Lemierre et Renou se réconcilièrent dans la défaite.

Ce qui distingue le futur secrétaire de l'Académie de peinture à travers les échecs nombreux d'une vie dispersée, c'est une volonté toujours active. Sa plume est-elle émoussée, il revient à sa palette. Les fictions de la Fable lui ont-elles valu de pénibles échecs, il se remet à peindre des sujets religieux ou des tableaux d'histoire. D'ailleurs, il n'est pas en quête de commandes. On s'adresse à lui de divers côtés. La congrégation de Saint-Germain-en-Laye veut avoir de Renou une *Présentation au Temple* et une *Annonciation* qu'il expose résolument au Salon de 1775. Il peint pour la maison du Roi une *Agrippine à Brindes portant l'urne de Germanicus*, exposée en 1779. La chapelle de Fontainebleau lui sera redevable de la *Samaritaine* et de la *Femme adultère*. Il exécute pour la galerie d'Apollon un plafond ovale : *Castor ou l'Etoile du matin*. Ces trois œuvres prendront place au Salon de 1781, et l'Académie prononcera, devant la toile représentant *Castor,* l'admission de Renou parmi ses membres. Cependant, Diderot ne se fait pas faute de le harceler. Il l'atteint au Salon de 1775 ; il le cherche et le retrouve six ans plus tard. Mais quoi ! les traits du critique n'empêchent pas le peintre de marcher son pas. En dépit de toutes les embûches et malgré ses fautes, il a conquis son titre d'Académicien.

Désormais, il n'exposera plus. S'il reprend ses pinceaux, ce sera pour brosser à grands coups quelques plafonds. Sa peinture de la galerie d'Apollon décide de sa vocation comme décorateur. Ce n'est pas que Renou se fût donné beaucoup de peine pour composer le cartouche ovale dans lequel Castor, une étoile au front, un javelot à la main, galope sur des nuages.

Voici, en effet, ce que raconte le marquis de Chennevières au cours de son ouvrage sur la Galerie d'Apollon :

« Dans l'œuvre de Le Brun, au cabinet des estampes, à la suite des gravures de Saint-André et d'autres artistes d'après la galerie d'Apollon, se trouve placée une pièce anonyme et sans lettre, représentant un jeune homme à cheval qui galope sur des nuages ; son épée pend à son côté, il tient la bride de la main droite, une lance de main gauche ; sa tête est relevée vers le ciel, et au-dessus de son front est une flamme. Cette figure équestre, dont l'invention doit, en effet, appartenir à Le Brun, nous a paru n'être pas étrangère à l'inspiration du *Castor* de Renou, représenté sous les traits presque identiques d'un jeune cavalier galopant sur des nuages avec une étoile au-dessus de la tête et un javelot à la main. Son cheval sort des ténèbres de la nuit et monte vers la lumière. »

Que Renou ait connu l'estampe de Saint-André, qu'il en ait tiré bon parti sans en rien dire à personne, nous n'avons pas lieu d'en être surpris. L'homme est plein de ressources et de hardiesses. Il avait d'ailleurs des raisons plausibles de se montrer adroit. Ne remplissait-il pas, depuis le 24 février 1776, la charge de secrétaire-adjoint de l'Académie ? Or, il avait été décidé par la Compagnie que, « M. Renou n'étant point encore reçu à l'Académie comme artiste, il prendrait séance après M. l'adjoint à professeur pour la perspective, et que, jusqu'à sa réception à l'Académie, il ne pourrait avoir voix délibérative que dans les assemblées où il ferait les fonctions de secrétaire. » Il se trouvait donc dans une situation fausse qui déjà s'était trop prolongée. Il demanda que le sujet de son morceau de réception lui fût indiqué ; peut-être aida-t-il au choix de ce morceau par quelques paroles discrètes, ayant la certitude de ne pas faire un mauvais tableau en usant d'une composition laissée par Le Brun.

Le stratagème, — s'il existe, — réussit à Renou. Le rédacteur des *Mémoires secrets* parle en ces termes du plafond de notre artiste pour la galerie d'Apollon :

« Il représente *Castor ou l'Etoile du matin* et fait pendant au *Morphée* peint par Charles Le Brun dans la même galerie. Pour se conformer à son pendant, le peintre s'est imposé la loi de composer son plafond d'une seule figure et, par conséquent, de prendre une proportion colossale. On a trouvé la composition bien entendue et l'on y a remarqué un bon parti d'effet et de couleur. »

L'auteur de ce jugement ne soupçonne pas de subterfuge. Les académiciens furent également convaincus que le *Castor* de Renou était son œuvre personnelle, et le 18 août 1781 le morceau de réception du peintre fut accepté. Le procès-verbal de la séance est particulièrement flatteur pour l'artiste. On en peut juger par cet extrait ;

« Conformément à la délibération du 24 février 1776 où il est dit que le sieur Renou jouira de sa voix pour toujours, aussitôt sa réception à l'Académie comme artiste, M. Renou, dès cet instant, même ne faisant point les fonctions de secrétaire, aura voix délibérative dans toutes les circonstances, nonobstant les statuts de 1777, postérieurs à sa réception, par lesquels le Roi n'a point accordé de voix à l'adjoint-secrétaire, mais par lesquels aussi il a dit prétendre ne rien innover dans l'état dont jouissoient alors chacun des membres de l'Académie. »

On le voit, la Compagnie ne recule pas devant une interprétation quelque peu subtile des statuts qui la régissent afin de faire plus honorable la situation de son secrétaire-adjoint. Berthélemy et Van Spaendonck sont reçus académiciens en même temps que Renou.

Celui-ci s'acquittait d'ailleurs de sa fonction avec ponctualité. En 1778, il avait apposé sa signature au bas d'un rapport élogieux sur les *Funérailles de Patrocle*, envoi de deuxième année du peintre Louis David, alors à l'Académie de France. Deux ans plus tard, le *Saint Jérôme* du même pensionnaire était l'objet de restrictions quelque peu sévères, et le secrétaire-adjoint prenait encore sa part de responsabilité de ce verdict. Peut-être est-ce lui-même qui avait tenu la plume. La mort de Chardin lui est une occasion d'écrire sur ce bon peintre dans le *Journal de Paris*. Sa notice est remarquée. Où le dit élève du maître dont il retrace la vie. Ce n'est pas lui qui désabusera les gens. Il annonce au public, dans une lettre d'un caractère semi officiel, la mort d'Hoffmam, de De La Rue et de Théaulon, trois peintres qui tenaient le rang d'agréés dans l'Académie.

Le mécanicien Loriot loge aux galeries du Louvre. Il a pour voisin le peintre De La Tour. Evidemment les deux hommes se fréquentent, car voilà bien dix ans qu'ils vivent côte à côte. Loriot a l'esprit ingénieux. C'est un inventeur. Les pastels l'intéressent. Il trouve un moyen de les fixer. D'Angiviller est saisi de la question, mais il s'en remet à l'Académie du soin d'apprécier le le secret de Loriot. Celle-ci ayant jugé que le procédé qui lui était soumis pouvait rendre quelque service aux pastellistes, Renou rédigera l'exposé de ce procédé à l'usage du public. L'imprimé s'intitule : *Secret pour fixer le pastel, inventé par Loriot et publié par l'Académie de peinture*. Il comporte 4 pages in-4, et est revêtu de la signature du secrétaire-adjoint. Celui-ci sera également l'auteur d'une note sur le blanc de zinc dont le chimiste de Morvau préconise l'emploi par les peintres. L'Académie ne suffit pas à son activité. Des amateurs se sont groupés. Leur cercle s'appelle les « Enfants de l'Harmonie ». Renou se fait admettre dans leurs rangs et prononce un *Parallèle de la musique et de la peinture*, qu'il s'empresse de porter ensuite au *Journal de Paris*. Aurons-nous la curiosité de lire ce nouvel écrit? A quoi bon? Notre peintre est trop prodigue de sa plume. Il justifie par ces pages improvisées le jugement d'Anatole de Montaiglon qui a dit de lui : « Renou écrivait à tout propos et hors de propos. » Le mot est juste. N'ayons pas souci de l'atténuer. Le jour viendra où notre artiste se fera pardonner toutes ces compositions de valeur discutable. Renou ne signe pas toujours ses publications. N'est-il pas l'auteur de « *L'impartialité au Sallon dédiée à MM. les critiques présents et à venir*. Prix 12 sols, à Boston, et se trouve à Paris chez les marchands de nouveautés. 1783, in-8 de 39 pages »? La brochure est anonyme, mais le secrétaire-adjoint de l'Académie éprouvera le besoin de lire devant ses confrères un « Discours et mémoire justificatif sur l'abus des critiques » où il parle de sa propre personne et il avoue au cours de cet écrit, dont les académiciens votèrent l'impression, être l'auteur de la plaquette parue en 1783. L'un de ses biographes lui attribue de même deux autres opuscules parus à l'occasion des Salons : *Lettre du marin* et *Lettre de M. Bonnard, marchand bonnetier*. Une traduction libre en vers de *la Jérusalem délivrée* devrait lui être comptée, car, le manuscrit des quatre premiers chants ayant été détruit, Renou eut la patience d'écrire à nouveau ce début important du poème italien. Antérieurement à cette traduction, il avait mis au jour une version française du *De arte gra-*

phica de Du Fresnoy, également en vers. Nos contemporains font peu de cas du travail de Renou, mais les académiciens de 1789, et cela suffit à l'écrivain, lui allouèrent un secours de mille livres pour l'aider à payer l'imprimeur de sa traduction, en même temps qu'ils décidaient d'acquérir deux cents exemplaires de l'ouvrage.

Ponce nous apprend que Renou s'occupa de versification quand ses yeux, devenus mauvais, l'avertirent qu'il ne devait plus peindre. Cet affaiblissement de la vue n'atteignit l'artiste qu'après 1783, car, en cette même année, il brossa le plafond du théâtre de la Comédie-Italienne, construit par Heurtier et aménagé par De Wailly. Le sujet traité par le peintre fut Apollon au milieu des Muses recevant sa lyre des mains de l'Amour. Renou est également l'auteur d'un plafond à l'Hôtel des Monnaies. Les contemporains de l'artiste sont muets sur le mérite de ces décorations. Peut-être avons-nous le droit de penser qu'on y reconnut quelque talent, car, vers le même temps, Moreau le Jeune expose au Salon le portrait de Renou. Déjà le secrétaire de l'Académie, Charles-Nicolas Cochin, avait dessiné le profil spirituel de son adjoint (1). La tête est celle d'un homme avisé, intelligent, prompt à l'action, mais le front fuyant décèle une volonté mobile. Le nez, aux ailes légèrement ouvertes, porte l'indice d'une irritabilité mal contenue. Tel que nous le montre Cochin, le peintre-écrivain paraît avide de se produire et de prendre parti. On dirait l'auditeur attentif d'une discussion qui l'intéresse et à laquelle il va se mêler tout à l'heure avec vivacité. Renou a son logement dans la cour du vieux Louvre.

---

(1) V. *l'Artiste* de janvier, 1901, le portrait de Renou par Cochin, gravé par Miger.

Le graveur Simon-Charles Miger habite dans les galeries du palais. Cochin a négligé de graver le profil dessiné par lui d'après son adjoint, Miger suppléera Cochin.

En 1790, notre peintre monte en grade. Il devient secrétaire en titre de l'Académie. Une phase nouvelle s'ouvre pour lui. La Compagnie, dont il est l'un des premiers officiers, subit le contre-coup des commotions de l'heure présente. Elle a ses adversaires, que dis-je? elle compte des transfuges parmi ses membres. Un premier écrit portera la signature de Renou. Il s'intitule *Esprit des statuts et règlements de l'Académie royale de peinture et sculpture, pour servir de réponse aux détracteurs de son régime*. Ce travail porte la date du 22 mai 1790. L'heure est solennelle. Louis David et Miger, celui-là même qui avait gravé le portrait de Renou, soulèvent les simples académiciens contre les officiers de la Compagnie. La rupture est consommée depuis plusieurs mois. Vien, directeur, a présenté un plan de pacification. Par respect pour les statuts de l'Académie, qui ne prévoient que deux séances mensuelles, Vien a proposé que les commissaires nommés par les officiers et ceux désignés par les académiciens se réunissent chez lui. Renou sera présent. Vien remplira l'office de conciliateur, et Renou écrira sous la dictée des commissaires. Le mémoire ainsi rédigé contiendra l'exposé des revendications, des réclamations, en même temps que le tableau des concessions de l'autre groupe. Cochin vivait encore à la date où Vien fit cette proposition. David réclame le texte des paroles prononcées par Vien. On le lui donne. Il est procédé à l'élection des commissaires. Ce sont, du côté des officiers : Pajou, duc de Chabot, Bachelier, Berruer, Vincent, Cochin; du côté des académiciens : Le Barbier, Miger, Houdon, Jollain, David et Berthélemy. Mais David veut la discorde. Il protestera, dès le lendemain, contre l'élection des commissaires, et c'est Valenciennes qui prendra sa place. Ce n'est pas assez. Les agréés voudraient être représentés chez Vien. On le leur refuse. Ils protestent par voie d'huissier, et David qui n'est plus agréé, mais académicien, joint sa signature à la leur. Cochin est mort. Roslin le remplace parmi les commissaires.

Le samedi 5 juin, l'un des académiciens donne lecture d'un plan de statuts, en 89 articles, élaboré chez Vien et rédigé par Renou. L'Académie prend jour pour la discussion des articles. Le débat ne laissa pas d'être laborieux et se prolongea jusqu'en septembre. Certaines séances furent orageuses. Un jour, Vien dut protester en se retirant. On retint Renou. Les académiciens l'obligèrent à tenir la plume. Il obéit, mais le procès-verbal renferme la déclaration de la contrainte qu'il vient de subir. L'Académie est impuissante à se ressaisir. Les impatients de la règle portent leurs doléances devant l'Assemblée nationale. C'était aggraver le péril. Jusqu'alors le public avait été insuffisamment instruit des querelles intestines qui divisaient l'Académie. Désormais, la crise allait revêtir un caractère irrémédiable. Les pouvoirs constitués et la presse avaient les yeux fixés sur une Compagnie dont les privilèges se trouvaient en contradiction avec les idées nouvelles.

Durant tout ce temps, Renou se montre l'homme de la tradition. Il seconde Vien, dont la conduite fut des plus louables. Il paie de sa plume, sous sa responsabilité personnelle. Sa brochure conciliatrice *Esprit des statuts et règlements de l'Académie royale*, parue en mai, est rééditée le 11 septembre.

L'année suivante, Quatremère de Quincy, qui devait un jour être secrétaire perpétuel de l'Académie des Beaux-Arts, entre en lice, et dirige, coup sur coup, trois attaques contre l'Académie de peinture. Il publie, à quelques semaines de distance, des *Considérations sur les arts du dessin*, une *Suite* et une *Seconde suite* à sa brochure. Naturellement, Quatremère se laisse emporter par la polémique. Il met un *crescendo* quelque peu violent à sa diatribe. Renou l'attendait au point précis où l'attaquant manque de mesure. Sa *Réfutation de la seconde suite aux considérations sur les arts du dessin* porte la date du 20 juin 1791. Cet écrit forme huit pages in-4°. Le secrétaire perpétuel de l'Académie de peinture y met, non seulement de la logique, mais encore du mordant. On en peut juger par ces quelques lignes :

« Notre homme assure que les artistes ne travaillent que par instinct et ne peuvent pas se rendre compte de ce qu'ils font.

« Immortel Poussin, aurais-tu jamais pensé que dans un siècle de lumières, on diroit que tes ingénieuses productions ne sont que les résultats de l'instinct ? Oh! pour le coup, c'est là, pardon, M. Quatremère, que vous montrez le petit bout d'oreille. Vous ignorez donc, M. le Savant, que Rubens a fait, en latin, un traité sur la peinture ; que Du Fresnoy avec Mignard, son ami, a composé un poëme dans la même langue ; que Le Brun a écrit un excellent traité sur les Passions ; que Léonard de Vinci, Lairesse, Coypel et tant d'autres ont écrit ; qu'enfin l'Académie possède d'excellens discours de beaucoup de maîtres qu'elle a eus dans son sein. Et quand aucuns n'auroient écrit, leurs ouvrages sont des leçons vivantes. Leurs discours, à la vérité, ne sont pas des amplifications de rhétorique, pleines de mots et vuides de sens, comme vous pourriez les faire ; mais ils sont courts et forts de choses. D'ailleurs, les principes ne sont pas infinis. Les poétiques d'Horace et de Boileau sont moins volumineuses que votre brochure ; eh bien ! elles suffisent au génie. Allez apprendre ce que vous ne savez pas, et ne faites point de pareilles méprises devant le public, de peur d'en devenir la risée. Mais il ne profitera pas de ce bon avis : nous gagerions qu'il griffonne encore quelques amphigouries sur les arts. »

En un autre endroit de son libelle, Quatremère parle de l'Exposition de 1791 qui, pour la première fois, va s'ouvrir dans des conditions inusitées. Tous les artistes, qu'ils soient ou non de l'Académie, pourront y voir leurs ouvrages. Le décret de l'Assemblée nationale qui va sanctionner cette innovation ne sera rendu que le 21 août. A l'heure où écrit Quatremère, la mesure qu'il préconise n'est qu'un projet. Il ne le défend pas sans se laisser aller à quelque excès de langage. Renou relève le gant avec esprit :

« Cet homme aux grandes idées, écrit-il, prétend que l'exposition publique soit ouverte à tout le peuple-artiste, pour y suspendre leurs productions. « Au fait, dit-il, un « peintre d'enseigne est peintre tout comme un autre » ; mais il a oublié, car il a de grandes distractions, que, pour faire un mariage, il faut que les deux parties y consentent. Si les habiles gens refusent d'exposer leurs ouvrages avec des faiseurs d'enseignes, au nom de la liberté, les y contraindra-t-il ? »

Pendant ce temps, le secrétaire de l'Académie a préparé le livret du Salon en la forme ordinaire. Le décret de l'Assemblée nationale ouvrant les portes de l'exposition à tous les artistes va rendre ce texte inutile, et l'Académie indemnisera Renou en lui octroyant six cents livres. Son zèle ne se ralentit pas. Il ne cesse d'écrire dans l'intérêt de la Compagnie dont il est, avec Vien, la personnification la plus haute. Un *Précis sur l'établissement, le régime et le mode d'enseignement de l'Académie de peinture et de sculpture* porte son nom, et date des derniers mois de 1791. Au début de l'année suivante, il rédige une *Adresse à l'Assemblée nationale sur les Patentes* auxquelles on prétend assujétir les Lettres, les Sciences et les Arts. L'Académie vote l'impression de cet écrit, dont elle fait remettre deux exemplaires à chacun de ses membres.

Tous les instants du secrétaire sont au service de ses confrères. Ceux-ci ne l'ignorent pas. Or, le secrétaire de l'Académie est loin de vivre dans l'opulence. Nous l'avons vu accepter un prêt de mille francs lorsqu'il a imprimé sa traduction du Du Fresnoy. Les honoraires de secrétaire-adjoint étaient de mille livres ; ceux de secrétaire-perpétuel sont sans doute plus élevés, mais l'Académie veut reconnaître le dévouement de son défenseur, et, dans sa séance du 2 juin, elle vote, à son adresse, une gratification de 1,200 livres « en témoignage de satisfaction des écrits qu'il a publiés dans l'intérêt de la Compagnie et pour la gloire des Arts ». Cette somme fut-elle jamais versée ? On en peut douter, car en cette même année 1792, « vu la rareté du numéraire », on avait décidé que les jetons de présence seraient payés en « assignats de trente-six sols ». Ce papier-monnaie ne fut pas toujours d'un placement aisé aux guichets de l'Etat.

L'année 1793 fut marquée par divers événements. David, invité par Renou à venir professer pendant son mois d'exercice, écrit brutalement au pied de l'autographe du secrétaire :

Je fus autrefois de l'Académie

David, député de la Convention nationale.

Peu de jours après, la Commune des Arts veut tenir ses séances dans les salles de l'Académie, et c'est le ministre de l'Intérieur qui informe les académiciens de cette prétention. Ceux-ci ne se font point illusion sur le sort qui les attend. Ils présentent toutefois des observations pleines de mesure, et proposent un emplacement contigu à leur salle de délibération, où pourra siéger la Commune. Le ministre insiste. L'Académie se soumet en présence d'une hostilité visible. Ces tracasseries n'étaient que le prélude du décret de dissolution, rendu le 8 août, et aux termes duquel « toutes les Académies et sociétés littéraires, patentées ou dotées par la nation, sont supprimées ».

La Commune des Arts, légalement reconnue depuis un mois, triomphait de l'Académie.

Le décret du 8 août avait été dirigé contre des artistes en possession de divers privilèges. Rien de plus naturel, dans les circonstances troublées où se trouvait le pays, qu'une institution ancienne, d'origine monarchique, ne fût en butte aux attaques de la presse, des clubs, et des peintres ou sculpteurs qui n'avaient pas conquis les plus hautes fonctions dans l'Académie. Mais, du même coup, on avait frappé la jeunesse, on avait atteint le peuple dans ses enfants. Car, ne l'oublions pas, si l'Académie de peinture, fondée en 1648 par Le Brun et les onze artistes qui se joignirent à lui, avait été une liberté, les hommes d'intelligence et de dévouement auxquels appartient l'honneur de cette création voulurent être, dès le premier jour, des éducateurs. L'Académie française, plus ancienne de quelques années que l'Académie de Peinture, était un salon. Au contraire, l'Académie de Peinture se résume dans son Ecole. A son début, les professeurs se nomment Le Brun, Errard, Bourdon, La Hyre, Sarazin, Corneille père, Perrier, Beaubrun, Le Sueur, d'Egmont, Van Opstal, Abraham Bosse. L'Ecole académique ne cessera, de 1648 à 1793, d'être la grande occupation des officiers de la Compagnie. Le décret du 8 août, en dispersant les professeurs, avait détruit l'Ecole. Renou était trop attaché à l'Académie pour ne pas regretter les conséquences du décret qui l'avait dissoute. Plus qu'aucun autre, peut-être, il était en mesure d'appeler l'attention des pouvoirs publics sur le dommage réel que causerait aux élèves des académiciens la fermeture des salles où l'enseignement de l'art leur était distribué. Par sa situation, qui faisait de lui un administrateur, un fonctionnaire personnellement étranger à la formation des élèves, il pouvait plaider la cause des professeurs. Au surplus, on ne tarda pas à s'apercevoir que l'école académique avait été indûment enveloppée dans les mesures de rigueur édictées contre l'Académie. Mais on n'abroge pas aisément, aux époques de révolutions, les lois promulguées au nom d'un principe d'égalité. Certains membres de la Convention auraient souhaité que le décret du 8 août fût l'objet d'un amendement. Ce retour vers le passé parut impossible. On se borna, le 28 septembre, à rendre un nouveau décret aux termes duquel les Ecoles étaient « provisoirement maintenues ».

Décision précaire, qui allait porter atteinte à l'institution dont on voulait sauver l'existence. Renou, nommé surveillant des Ecoles placées jadis sous la direction des officiers de l'Académie, devenait l'homme responsable, l'unique intermédiaire autorisé entre les étudiants et le pouvoir. Les professeurs en titre furent invités à exercer leur fonction, mais ils relèveraient, à l'avenir, de la commission exécutive de l'Instruction publique. La dotation de l'Académie n'était plus inscrite au budget. C'est du ministre de l'Instruction publique que le personnel enseignant recevrait désormais les maigres honoraires attachés au titre de professeur, et Renou aurait la mission de défendre leurs droits. Alors que, pendant les années de luttes intestines qui avaient divisé la Compagnie, Renou s'était volontairement effacé derrière la personnalité de Vien, se réfugiant dans ses fonctions de secrétaire, il passait au premier rang ; il allait occuper un poste difficile, durant une longue période, au moment où la France, impuissante à contenir les partis, n'était pas en mesure d'épargner aux plus utiles comme aux plus humbles des citoyens le contre-coup de la gêne financière ou de l'impôt du sang.

L'Ecole conservera ses salles d'études au Louvre. Elle avait pour professeurs, en août 1793, les peintres Vien, Belle, Van Loo, les deux Lagrenée, Bachelier, Durameau, Suvée, Berthélemy, Vincent, et les sculpteurs Allegrain, Pajou, Bridan, Gois, Mouchy, Berruer, Julien et Le Comte. Ces hommes de dévouement s'estiment autorisés à enseigner de nouveau, puisque le décret de septembre maintient « provisoirement » les Ecoles, — nous dirions aujourd'hui les sections de peinture et de sculpture qui constituent l'Ecole, — mais le législateur, dans le tumulte où il est tenu de vivre et d'agir, a-t-il réfléchi que les professeurs de la veille appartenaient invariablement à l'Académie, c'est-à-dire à une Compagnie désormais dissoute et dont chaque membre est devenu suspect ? Somme toute, le texte du décret de septembre laisse place aux interprétations les plus diverses; il autorise toutes les perplexités. Ce texte interdit « de rien innover » ; mais n'est-ce point une innovation que le retour de citoyens déchus de toute prérogative dans des fonctions délicates, — fussent-elles désormais gratuites, — qui avaient déchaîné contre eux tant de convoitises? D'ailleurs, quelle serait la durée de ce « maintien provisoire » d'une institution combattue depuis plusieurs années? Quel était le crédit de Renou lui-même, le seul personnage nominalement agréé par le pouvoir, et investi du titre de « surveillant provisoire », ce qui ne laissait pas de paraître une perpétuelle menace? La Commune des Arts, puissance rivale et jalouse de l'Académie, avait l'œil sur les Ecoles. On pouvait craindre qu'elle n'en référât à David, si les anciens confrères de cet ex-académicien faisaient à nouveau prospérer l'étude du dessin, de la peinture et de l'art statuaire. N'en doutons pas, les professeurs tinrent de fréquents conseils sur l'attitude qu'ils devaient garder. L'Ecole, au surplus, ne disposait d'aucunes ressources. Le concours du Prix de Rome, les concours de places ou de médailles, celui du Torse, celui de la Tête d'expression se trouvaient ajournés, plusieurs parce que les fonds nécessaires à leur exécution avaient été confisqués, et tous parce qu'on hésitait sur la constitution d'un jury. L'usage, à l'Académie, était de soumettre les concours au jugement de tous les professeurs, mais était-il prudent d'invoquer cette coutume, à une époque où un jury de citoyens admis à se prononcer en matière criminelle fonctionnait depuis plus d'une année, à la satisfaction de l'opinion publique? N'accuserait-on point les professeurs d'empiètement et de partialité s'ils s'érigeaient en juges des travaux de leurs élèves? La mission d'apprécier les efforts, les aptitudes, les succès des étudiants n'appartenait-elle pas à un jury, pris en dehors du personnel enseignant, et composé d'artistes dont l'entière indépendance ne pourrait être soupçonnée?

Renou n'avait pas qualité pour dissiper les doutes et résoudre les questions brûlantes. Après une année de tâtonnements et d'insuccès, les professeurs donnèrent mission au « Surveillant provisoire » d'exposer la situation déplorable dans laquelle se trouvait l'Ecole. Renou s'acquitta de sa tâche en brumaire an III (octobre 1794). Son rapport aux « citoyens composant la Commission exécutive de l'Instruction publique » est un document dont il convient de rappeler le texte :

Citoyens,

Point de progrès sans émulation ; plus d'émulation, plus d'arts. Le citoyen Renou croit de son devoir de vous rendre compte de la situation des Écoles à cet égard. L'émulation y est actuellement dans une stagnance très alarmante. En voici les causes :

1° Les circonstances ont suspendu les grands prix nationaux dont la suite est l'envoi des élèves en Italie pour s'y perfectionner à la vûe des monumens des arts.

2° Les prix fondés par les particuliers, comme celui de la « demi-figure peinte » institué par La Tour, le peintre, et celui de l' « Expression » par Caylus, amateur, ne peuvent plus avoir lieu, les contrats de fondation étant dans les mains de la nation.

3° Il est d'autres concours qui, n'exigeant aucun frais, peuvent se faire comme à l'ordinaire, mais ils sont interrompus faute de juges.

Ces concours entre les élèves ont pour but d'obtenir aux Écoles, par droit de mérite, les meilleures places pour dessiner ou modeler. Voici l'utilité de ces concours.

Dans les arts d'imitation il faut un type à imiter, soit une figure antique, soit un modèle vivant. Cette figure ou modèle est placé au milieu des étudians, rangés en cercle, qui le copient chacun comme il se présente à eux. Mais l'attitude par elle-même ou par l'incidence des rayons de lumière offre des aspects plus ou moins avantageux. Or, comme il est naturel à tout artiste de rechercher le plus bel aspect, si on laissoit les élèves entrer en foule pour choisir les plus beaux côtés, ils se battroient entr'eux pour les avoir. On a donc imaginé, tant pour l'ordre que pour l'émulation, de les appeler à leur rang de mérite, sur un de leurs ouvrages, fait aux Écoles en présence des professeurs et de leurs émules. Celui qui a mieux fait est appelé, entre, et choisit le premier, et ainsi de suite, tant pour le concours dit des places que pour celui des médailles ; lesquels concours ont tous deux pour objet de choisir les places les plus favorables.

Le concours dit des places a lieu tous les six mois, et celui des médailles tous les quartiers. Ces concours étoient autrefois jugés par les professeurs réunis.

Il est donc à désirer que ces derniers concours, pour ranimer l'émulation, se fassent, comme par le passé, sous l'inspection et la surveillance des professeurs.

Il y a deux manières de procéder pour le jugement, soit par un jury nommé *ad hoc*, ou par l'ancienne méthode, en rentrant dans l'esprit du décret qui veut que rien ne soit innové dans lesdites Ecoles, jusqu'à parfaite organisation dans leur régime, soit dans la discipline, l'ordre des études et le jugement des concours, de tout temps attribué aux professeurs. Le jury entraînera des frais et des lenteurs, et l'autre sera fait en peu de jours et sans dépense.

Ces observations sont conformes aux vœux des professeurs que le citoyen Renou a consultés, et qui eux-mêmes les auroient manifestés collectivement s'ils n'eussent craint que leur zèle pour le bien des arts n'eut paru un désir, par leur rassemblement, de ressusciter un corps détruit par les décrets, ce qui est bien loin de leur pensée (1). Mais le citoyen Renou est l'interprète fidèle de leurs sentimens relativement à ce qui revivifiera l'émulation parmi la jeunesse, jusqu'à parfaite organisation par les législateurs.

Cette pièce donne la mesure des difficultés auxquelles se heurtait Renou dans l'accomplissement de sa fonction. Il se sent obligé d'instruire la Commission des moindres détails, parce qu'il sent combien les citoyens qui la composent sont ignorants des besoins et des usages de l'Ecole qu'il a mission de défendre. Il n'est pas jusqu'au *nota* de son rapport qui ne laisse à penser. Le Surveillant rappelle discrètement que les professeurs de l'Ecole ont tous appartenu à l'Académie. C'est donc qu'il suppose que la Commission peut avoir oublié ou ne pas connaître cette particularité, d'une haute importance dans les conjonctures présentes.

S'ils ignorent, du moins les membres de la Commission sont-ils pleins de droiture et de bon vouloir. Ils répondent à Renou le 3 frimaire (23 novembre) que « la loi du 28 septembre 1793 ayant conservé les Ecoles de peinture et de sculpture établies telles qu'elles étoient jusqu'à nouvelle organisation, il n'est pas douteux qu'il ne doit rien être innové dans leur régime, et que la dis-

---

(1) Ils ont été tous membres de la cy-devant Académie de peinture et sculpture et sont conservés provisoirement dans leur professorat par décret de la Convention.

cipline, l'ordre des études et le jugement des concours sont une attribution des professeurs qui les dirigent. » Cette lettre est signée par Garat, Clément de Ris et Ginguené. Renou était invité à faire connaître la décision de la Commission exécutive aux professeurs et aux élèves. La double communication qui lui était ordonnée eut lieu le 5 frimaire (25 novembre) et le Surveillant provisoire n'oublia point d'instruire la Commission exécutive de ce qui s'était passé dans les Ecoles. Plusieurs élèves lui ont posé des questions, mais « comme elles étoient raisonnables et sur le ton décent », les réponses de Renou « ont été amicales et fraternelles ». L'un des élèves ayant demandé s'il y aurait concours pour les médailles, Renou lui a répondu :

« Le concours des places entraîne celui dit des mé-
« dailles, car ce n'est pas, je le suppose, le prix d'une
« médaille qui vous flatte ; une branche de laurier pour-
« roit y suppléer ; c'est l'honneur qui vous anime, et
« l'avantage d'une place plus favorable pour étudier. »
« Ils ont tous répondu comme en chœur : oui, oui ! »
« L'un d'eux, continue le Surveillant, que l'on m'a
« assuré s'être toujours montré récalcitrant, m'a crié :
« Serons-nous présens au jugement que l'on fera de nos
« ouvrages ? » — « Ce seroit une innovation, lui ai-je
« dit, la loi le deffend, et vous êtes trop bon républicain
« pour vouloir enfreindre la loi. » Il n'a point répliqué
« et je me suis retiré au milieu des témoignages de satis-
« faction. »

Cinq jours plus tard (30 novembre) avait lieu le concours des places, d'après le modèle vivant. Soixante-dix-huit peintres et trois sculpteurs en furent les lauréats. Houdon et Boizot, adjoints à professeurs, se joignirent à douze de leurs confrères, professeurs en titre, pour rendre le jugement. Le 8 nivôse (28 décembre) eut lieu le concours d'après l'antique. Trente élèves seulement y furent admis. Dejoux, adjoint, signe au procès-verbal.

La présence de Houdon, de Boizot et de Dejoux à ces deux jugements nous est une preuve que Renou considérait les adjoints à professeurs comme faisant partie du personnel enseignant.

La Commission exécutive écrit au Surveillant le 8 pluviôse (27 janvier 1795) pour obtenir de lui des renseignements sur le citoyen Callot, « canonnier » à Cherbourg. « Ce militaire, se disant élève de la cy-devant Académie de peinture, sollicite pour lui et pour tous les défenseurs de la Patrie qui se trouvent dans le même cas, la faveur de revenir à Paris se livrer à l'étude de son art. » La Commission, qui n'est qu'une délégation du Comité d'Instruction publique désire savoir, avant de saisir le Comité de la pétition de Callot, si cet élève a fait preuve d'aptitudes sérieuses lorsqu'il suivait les cours de l'Ecole académique. Renou s'empresse de se renseigner auprès du professeur de Callot. Ce jeune homme n'a que dix-neuf ans. Il en avait seize quand il s'est fait inscrire à l'Ecole, où il n'a pu travailler que pendant un an et demi. Ce laps de temps ne lui a pas permis de développer son talent, et Renou s'excusera de ne pouvoir répondre des aptitudes et de l'avenir du pétitionnaire. Mais son désir de se livrer à l'étude n'est-il pas déjà l'indice d'un penchant qui lui fait honneur? « Au surplus, ajoute le Surveillant, le retour que Callot sollicite pour lui et pour les défenseurs de la Patrie qui se trouvent dans sa situation, ce retour est, en effet, du plus grand intérêt pour les arts. »

Ces lignes sont à peine tracées que Renou y apporte un correctif. Il craint de s'être trop découvert, aussi termine-t-il sa lettre par des considérations qui dégagent sa personne :

« Comme républicain, je pense que le premier devoir du citoyen est de voler au secours de la Patrie en danger, mais comme artiste, je ne puis m'empêcher de gémir en voyant de jeunes talens fait pour honorer, peut-être un jour, et le siècle et leur nation, courir le hasard d'être étouffés dans leur naissance. Cette interruption prolongée est si préjudiciable qu'elle peut arrêter la sève dans ces jeunes plantes. Le mal qui résulte dans nos arts de la suspension de travail a été si connu de tous les temps, qu'il y avoit chez les artistes grecs un précepte général que Du Fresnoy, dans son *Art de peindre*, a rendu par ce vers latin :

Nulla dies abeat quin linea ducta supersit.
Sans laisser quelque trait qu'aucun jour ne se passe. »

Cette citation flatte particulièrement Renou, tout heureux de rappeler un vers de sa façon, car en des temps plus calmes, on ne l'a pas oublié, il a traduit l'ouvrage de Du Fresnoy.

Callot est libéré. Cette mesure encourage Renou à plaider la cause de nombreux jeunes gens retenus sous les drapeaux, et en faveur desquels il sollicite un congé définitif afin qu'ils puissent reprendre leur place à l'Ecole. Beaucoup portent des noms demeurés obscurs ; par contre, il en est d'autres qui sont parvenus à la célébrité. De ce nombre sont les peintres Guérin, Pierre et Joseph Franque, Munick dit Moench, Antoine-Honoré-Louis Boizot le fils, Jacques-Luc Barbier dit Barbier-Walbonne, et les sculpteurs Milhomme, Callamare et Jean-Louis Boyer. Si ces artistes ont eu la faculté de poursuivre leurs études pendant la période révolutionnaire, c'est à Renou qu'ils sont redevables de ce bienfait. Ginguené, directeur général de l'Instruction publique, avait confiance dans le Surveillant des Ecoles. Il arriva, durant l'année 1795, que celui-ci fit parvenir à Ginguené des listes de douze élèves dont on lui accordait la libération. Ces succès l'enhardirent, et le 10 frimaire an IV (1er décembre 1795) il fit parvenir au directeur général la lettre qu'on va lire, dans laquelle il aborde incidemment, sans y insister toutefois, la question délicate d'une exemption générale du service militaire en faveur des élèves de l'Ecole.

> Ce qui me tourmente est le moyen de conserver nos jeunes élèves. Je ne vous dissimule pas le chagrin que j'ai de les voir venir chez moi me confier leur crainte d'être arrachés à leurs études pour retourner aux armées. Je ne puis leur donner que de faibles consolations. Je leur dis que depuis longtemps je vous ai représenté que 40 élèves, au plus, dans le cas de la réquisition, n'étoient pas un grand déficit parmi le nombre de nos deffenseurs, mais qu'une exemption ostensible ne me sembloit pas praticable dans ce moment-cy. Je les assure bien de votre sollicitude paternelle à cet égard, et que si tout dépendoit de vous, vous préviendriez leurs vœux.
>
> Ce qui m'afflige encore beaucoup, c'est que nombre de jeunes sculpteurs ont péri sur le champ de bataille. Je vois avec douleur cette branche dépérir de jour en jour. Je ne désespère pourtant point de la voir se raviver, si les grands concours pouvoient avoir lieu. Si vous parvenez, citoyen, à les mettre en activité, permettez-moi, dans le temps, de vous présenter des observations que les circonstances m'inspireront pour l'exécution pleine et entière de ces concours, et pour des facilités à donner aux concurrens.

Il y avait quelque audace à réclamer ainsi l'exonération des jeunes gens désireux de s'adonner à la pratique de l'art. N'oublions pas qu'en cette même année 1795 les armées de la France sont aux prises avec la Hollande, le Luxembourg, l'Espagne, la Prusse. Les insurrections à l'intérieur sont fréquentes. On n'a pas encore absolument triomphé des Vendéens, toujours prêts à se soulever. Paris a eu ses journées de Prairial et de Vendémiaire. Mais des indices rassurants tempèrent l'émotion que causent les résistances. De grandes écoles sont ouvertes ; l'Institut est fondé. Des membres de l'Académie de peinture, supprimée depuis deux ans, retrouvent un siège dans la nouvelle Compagnie. Renou ne désespère pas d'obtenir de larges faveurs au profit des élèves de l'École qui lui demeure confiée, et le succès lui donne raison. Ses doléances sont parfois écoutées.

Nous venons de saisir, sous sa plume, une allusion aux « grands concours » qu'il serait heureux de voir rétablis. C'est le prix de Rome que vise Renou dans ce passage de sa lettre. Déjà, par une lettre antérieure, il avait appelé l'attention sur l'importance du prix de Rome, et, afin d'obtenir gain de cause, il s'était donné la peine d'instruire les membres de la Commission exécutive des moindres particularités du concours, à la suite duquel sont décernés ce que nous appelons encore aujourd'hui les « grands prix ». Cette lettre de Renou est instructive. Elle porte la date du 23 pluviose (11 février 1795).

Citoyens,

La Convention ne veut pas faire moins pour les arts que l'ancien gouvernement. Elle a déjà manifesté ses intentions à cet égard par son décret qui accorde une pension de plusieurs années à ceux qui remportent les grands prix. Ainsi c'est entrer dans ses vues, dans celles du Comité et dans les vôtres, citoyens, que de rappeler à quel point il est urgent que ces concours aient lieu cette année.

Permettez-moi quelques détails pour vous prouver la nécessité de s'en occuper très incessamment.

Nous touchons à la saison des beaux-jours, essentiels à ces sortes de travaux. C'est dans les premiers jours de mars, qui répondent aux 11 et 12 ventôse, que, d'ordinaire, commencent les préliminaires de ces concours, c'est-à-dire les épreuves auxquelles on soumet les élèves avant de les y admettre. Il sera indispensable, au 15 ventôse prochain au plus tard, de rassembler les élèves qui se disposent à concourir. Au jour marqué, à 7 heures du matin, le professeur en mois donne un trait historique à composer. Dans la même journée, sans désemparer, les peintres et les sculpteurs font une esquisse sur le sujet proposé. Le soir, le professeur y met son cachet. Quelques jours après, les artistes enseignans s'assemblent pour choisir les meilleures esquisses. Ce choix fait, on annonce aux Écoles ceux qui, sur leurs esquisses, sont admis au second essai. Cet essai consiste, pour les peintres, à peindre, et pour les les sculpteurs à modeler une figure d'après le modèle vivant. Ces épreuves faites, les professeurs se rassemblent une seconde fois. On rapproche de chaque élève, l'esquisse et la figure, et l'on choisit pour concourir ceux qui ont montré plus de génie et plus d'acquis pour l'exécution. Le nombre n'excède pas 7 pour chaque art, n'y ayant que 7 petites chambres appelées « loges » où les morceaux sont exécutés, sous la clef, pour éviter toute fraude et tout secours de mains étrangères.

Ces essais occuperont, avec leurs jugemens, tout le mois de ventôse ; c'est le 12 germinal prochain, qui répond au 1ᵉʳ avril (vieux style), que les élèves entrent ce qu'on appelle « en loges ». On divise les beaux jours en deux portions égales ; la 1ʳᵉ pour la peinture, et la 2ᵉ pour la sculpture. Le temps fixé pour le concours de la peinture étant expiré, les peintres sortent des loges et les sculpteurs y entrent.

Ces détails, citoyens, prouvent qu'il n'y a pas de temps à perdre pour faire décider s'il y aura cette année concours pour ces grands prix.

Il fut répondu à cette lettre le 18 germinal (7 avril) que la Commission ne perdrait pas de vue le rétablissement possible du concours de Rome, mais déjà la date d'ouverture indiquée par Renou était passée, et le Surveillant comprit qu'il devrait s'y reprendre en 1796. Toutefois, le bon vouloir de la Commission ne faisait pas doute, car notre artiste était informé de l'exonération des jeunes soldats auxquels il s'était intéressé. En attendant, on rétablit les concours trimestriels de médailles. Le premier jugement est rendu le 20 ventôse (10 mars). Vers le même temps, Renou plaide en ces termes la réouverture du cours d'anatomie :

Le citoyen Süe, professeur d'anatomie des Écoles nationales de peinture et de sculpture, désire commencer incessamment son cours annuel pour l'instruction des élèves. Il demande, en conséquence, que vous veuilliez bien faire une lettre à l'administration des hôpitaux pour qu'il puisse, comme à l'ordinaire, à l'hôpital de la Charité, y avoir des cadavres, et un lieu propre à ses démonstrations pendant le temps du dit cours.

Il demande aussi l'affiche ordinaire pour ce cours, parce qu'étant particulier aux arts, il attire des artistes qui, quoique ne fréquentant pas les Écoles, désirent en profiter.

N^a. Après ce cours, sur le sujet mort, il en fait immédiatement un autre, sur le modèle vivant, dans les Écoles.

Renou fut sans doute invité à indiquer le lieu où pourrait être ouvert le cours d'anatomie. Il désigna le Louvre, bien qu'il n'y eût aucun amphithéâtre dans ce palais, mais une table et des bancs lui paraissaient suffire, jusqu'à ce que les ressources financières permissent l'établissement d'une installation plus complète. Le Conservatoire des arts, consulté, ne voulut pas qu'on apportât au Louvre des pièces anatomiques. Le Surveillant des Écoles ne se laissera pas abattre par un refus. Il demande qu'on reprenne un projet dont s'était occupée l'Académie de peinture, dans l'une de ses dernières séances (1er juin 1793), à savoir que « l'un des Écorchés du citoyen Houdon, figure de six pieds de proportion, fût coloriée », afin de servir à l'enseignement de l'anatomie. Ginguené lui donne satisfaction.

Aucun détail ne lui échappe. Les planches exécutées jadis, par les soins de l'Académie de peinture, d'après les morceaux de réception des académiciens, sont sous scellés. Les élèves des Écoles, les amateurs, les artistes, les marchands essaient vainement de se procurer les gravures qu'ils pouvaient acquérir autrefois à des prix modérés. « Les estampes peuvent se roussir, et les planches de cuivre, faute d'être soignées, se détériorer par le vert de gris ». En conséquence, Renou réclame énergiquement la cessation d'un état de choses préjudiciable aux arts et au Trésor.

On se rend compte du dévouement de ce bon serviteur de l'État. Un décret du 17 vendémiaire (8 octobre 1794) avait prévu des gratifications extraordinaires en faveur des savants et des artistes. Le nom de Renou se trouve inscrit, avec ceux de Stouf, de Van Loo, de Devosges, au *Moniteur* du 29 germinal (18 avril 1795), sur la liste des bénéficiaires de ces largesses, pour une somme de quinze cents francs.

Mais Ginguené lui écrit spontanément, le 25 thermidor (12 août) :

La Commission vous engage, citoyen, à vous charger de la rédaction, de l'impression et de la vente du livret, fixée au 24 du mois prochain. Vous avez coutume de le rédiger, et personne n'est plus capable que vous de lui donner tout le mérite dont il est susceptible. La Commission désire que vous trouviez, dans la vente, une indemnité pour les soins que vous donnez à ce qui intéresse les Écoles nationales de Peinture et Sculpture. Vous vous concerterez avec le Conservatoire pour la classification des ouvrages. Nous le prévenons que vous êtes chargé de tout ce qui concerne le livret de l'exposition.

On ne peut s'y tromper. Ginguené laisse deviner dans cette lettre que les émoluments de Renou étaient trop modestes. Il rédigea le livret du Salon de 1795, et le mit en vente au prix de cinq livres, alors que celui de 1793 s'était vendu 25 sols. M. Jules Guiffrey nous apprend que Renou fit trois tirages de son livret. Peut-être trouva-t-il, dans ce travail, la rémunération de la peine qu'il s'imposait pour le bien général ?

Qu'est-ce à dire ? Le 10 frimaire (1er décembre) Renou, dans une lettre à Ginguené, se permet de préconiser une réforme que l'ancienne Académie avait eu le projet d'opérer ! Allegrain et Amédée Van Loo, deux professeurs, sont morts à quelques mois de distance. C'est au sujet du décès de Van Loo, recteur-adjoint, que le Surveillant des Écoles propose de supprimer les recteurs-adjoints par voie d'extinction. Laissons-le défendre sa thèse :

Les Écoles pour la peinture et la sculpture sont, comme vous le savez, composées de quatre recteurs, exerçant par quartier, et deux adjoints, et de douze professeurs, exerçant par mois, et six adjoints, afin que le service ne manque jamais.

Les Recteurs sont pris dans les quatre plus anciens professeurs, et leurs adjoints sont les plus anciens après eux. Ils enseignent conjointement avec les professeurs de mois. Cet usage est sage, il a pour but de charger la longue expérience, et le talent dans toute son énergie, de donner concurremment des leçons à la jeunesse.

Mais comme il n'est accordé d'honoraires qu'à celui qui exerce, les plus anciens professeurs qui montent dans la classe des adjoints-recteurs, après avoir exercé vingt ans et plus comme professeurs, se trouvent tout à coup sous la remise, privés d'émolumens et du plaisir d'enseigner, ce qui en est un pour un homme qui aime son art. L'Académie depuis longtems avoit senti cet inconvénient.

Or, je vous propose, citoyen, de supprimer cette classe par extinction, quand le citoyen Bachelier, qui reste seul Recteur-adjoint, sera entré dans la classe des Recteurs. Alors, pour tenir lieu de cette classe éteinte, les deux plus anciens professeurs, sans préjudicier à leur exercice de mois comme professeurs, suppléeront les Recteurs à tour de rôle. Par là, un artiste, une fois choisi pour enseigner aux Écoles publiques, n'éprouvera nulle lacune ni dans son exercice ni dans ses émolumens accoutumés, auxquels plusieurs peuvent n'être pas indifférens.

J'observe, en finissant, que ce que je vous propose n'est pas même une nouveauté : c'étoit un usage de l'Académie, lors de sa naissance, de prendre le plus ancien des professeurs pour suppléer le Recteur, en cas d'absence ou de maladie.

Ginguené ne paraît pas avoir pris de décision dans le sens indiqué par Renou, mais le Surveillant des Écoles, cette fois encore, montrait à quel point il avait souci des intérêts de ses confrères. Sa lettre nous révèle aussi l'apaisement qui s'est opéré dans les esprits. L'Académie, jadis si violemment attaquée, n'a plus d'ennemis, et les hommes qui ont charge de gouvernement permettent qu'on s'autorise, devant eux, de la sagesse et de l'expérience d'une Compagnie dont on regrette peut-être la disparition.

L'année 1796 marque un progrès sensible dans le fonctionnement des Écoles nationales. Suvée, nommé

Directeur de l'Académie de France à Rome, le 20 novembre 1792, n'avait pu rejoindre son poste, la Convention ayant supprimé, par décret, quelques jours après l'élection de Suvée, la charge dont il venait d'être investi. On n'a pas oublié l'assassinat de Basseville, secrétaire de la légation de France à Rome, survenu le 13 janvier 1793. Depuis lors, l'Académie de France n'avait eu qu'une existence nominale. Ses pensionnaires vivaient dispersés. Mais le Directoire ayant confirmé la nomination de Suvée, au début de l'année 1795, Renou avait espéré que les grands-prix allaient être rétablis. Il n'en avait rien été. Ginguené était tenu d'agir prudemment. Il n'avait point à sa disposition les fonds nécessaires pour reconstituer l'Académie de France. Vainement Le Breton, secrétaire perpétuel de la classe des Beaux-Arts à l'Institut, était-il entré en lice pour obtenir, concurremment avec Renou, la reprise des concours de Rome. Ginguené lui fit part, sans doute, des difficultés qui s'opposaient à l'exécution immédiate de ce louable projet. Renou, informé, par Le Breton, de l'ajournement des grands concours, se rejette sur les fondations de La Tour et de Caylus. « Celles-ci, écrit-il, permettraient d'ouvrir deux concours moins ostensibles mais utiles. » La tactique était heureuse. Renou obtient gain de cause. Benezech, ministre de l'Intérieur, lui fait parvenir le 18 floréal (7 mai) la lettre suivante :

« Je vous préviens que pour porter l'encouragement et l'émulation dans toute l'École, le concours d'expression fondé par Caylus aura lieu le 25 du présent mois, selon le mode établi par la cyd[t] Académie de Peinture et Sculpture ; que celui de la Demi-figure peinte, fondé par La Tour, commencera le 25 prairial prochain, et que le concours solennel pour les grands-prix s'ouvrira le 25 ventôse de l'an V (15 mars 1797). »

Voilà donc le Surveillant des Écoles autorisé à ouvrir deux concours, que ses instances courageuses ont fait rétablir, et, par surcroît, il reçoit l'assurance de la réouverture du concours de Rome, au printemps de 1797. L'Ecole nationale a recouvré les prérogatives dont jouissait naguère l'École académique. Les mesures injustes édictées contre l'enseignement de l'art par la Convention sont abrogées. La jeunesse reprend pied dans les ateliers. Sans doute le calme, la sécurité, l'aisance d'autrefois ne sont pas rendus à la France dans la mesure où le souhaiteraient les éducateurs, les hommes d'étude, mais le progrès, conciliable avec les nécessités de l'heure présente, est acquis, et l'homme qui a été plus qu'aucun autre l'artisan de cette conquête, c'est Renou.

Ginguené a le respect de la tradition. Sa charge de Directeur général de l'Instruction publique fait de lui une sorte de sous-secrétaire d'Etat. A ce titre, il doit se montrer circonspect, afin de ne pas créer d'ennuis à son chef hiérarchique, le ministre de l'Intérieur. L'Académie de Peinture ayant été supprimée, Ginguené n'a pas la pensée d'investir ses membres du droit de juger les œuvres auxquelles donneront lieu les prochains concours. Cependant, il importe de constituer un jury, car il n'est pas admissible que les professeurs de l'Ecole soient les juges exclusifs de leurs propres élèves. Grave problème. La sincérité des concours exige que les lauréats relèvent d'une assemblée nombreuse et indépendante. Autrefois, en pareille occurrence, on avait recours à tous les membres de l'Académie royale. Ginguené a cherché un équivalent, et c'est lui qui suggère à Renou le moyen de parer à la difficulté présente. Les professeurs sont au nombre de vingt-cinq. Que le ministre les autorise à s'adjoindre, par voie d'élection, vingt-cinq artistes étrangers au fonctionnement de l'École, et les cinquante membres ainsi désignés formeront un jury suffisamment important, offrant, d'autre part, les garanties désirables d'impartialité. Ginguené pouvait, ce semble, proposer lui-même au ministre ce mode ingénieux et rationnel, mais l'excellent homme veut laisser à Renou l'honneur de toute réforme utile. En conséquence, il presse le Surveillant des Écoles d'écrire lui-même à Benezech, dans le sens indiqué, et celui-ci approuve la proposition de Renou.

La distribution solennelle des prix de la Tête d'expression et de la Demi-figure peinte eut lieu sous la présidence de Ginguené, qui porta la parole avec mesure. Renou fut plus prolixe. Le lauréat de la fondation Caylus, en 1796, fut Pierre Bouillon, dont le nom serait oublié de nos jours, si cet artiste n'avait tenu que le pinceau ; mais la publication magistrale, consacrée par lui au *Musée des Antiques*, de 1821 à 1827, lui assure la reconnaissance des érudits. Un incident relatif au concours de 1796 mérite d'être rappelé. Le sujet, donné par Suvée, pour la Tête d'expression, était « le Ravissement ». Une jeune fille, étrangère sans doute, nommée Robinca, qui fréquentait l'atelier de Suvée, offrit de se rendre à l'École et de poser pour la tête que devaient exécuter les concurrents. Elle était d'une exquise beauté. Son visage extatique se prêtait admirablement au caractère indiqué par le programme. La situation de fortune de cette personne ne permettait pas qu'on lui offrît un salaire. Renou pressentit Suvée, et tous deux tombèrent d'accord qu'un lot d'estampes serait une rémunération délicate de la peine que Mlle Robinca s'était imposée, dans l'intérêt de l'École. Benezech ratifia cette façon d'agir, qui n'avait rien d'onéreux pour le Trésor. Le jour de la distribution des récompenses il fut fait mention, dans le discours de Ginguené, du désintéressement de la jeune fille, et celle-ci, tout heureuse d'être associée aux premiers triomphes de l'École renaissante, demanda, comme faveur dernière, « la permission de copier la tête dessinée d'après elle, et qui avait obtenu le prix ». Nous avons vieilli. L'étiquette des solennités officielles, à notre époque, mettrait obstacle à des épisodes de cette nature, où tout est naïf, généreux, enthousiaste. La petite Robinca, associée au concours Caylus, en 1796, a le charme d'un rayon de soleil.

Le prix de la Demi-figure peinte, plus généralement connu sous le nom de prix du Torse, fut remporté par Pierre-Narcisse Guérin qui, trois ans plus tard, allait devenir populaire avec son *Marcus Sextus*, acquis en 1830 par Charles X, et aujourd'hui au Louvre.

Entre temps, Renou avoue sa détresse. Il s'est dévoué à la reconstitution de l'École. Toutes ses heures sont dévorées par sa fonction. « Professeurs, élèves, concierge, préposés, employés, modèles » recourent à lui, et ses émoluments sont trop faibles pour lui assurer « le strict nécessaire ». Il a suppléé, jusqu'ici, à l'insuffisance de son traitement « par la vente successive de différents objets, mais ce genre de ressources se tarit de jour en jour ». Estimant que son poste est assimilable à celui de conservateur du Muséum, il supplie le ministre de lui accorder un traitement égal à celui de ces fonctionnaires. La requête n'avait rien d'excessif. Renou s'était dépouillé dans l'intérêt général. Il était juste que l'État lui tînt compte de ses sacrifices, et, sûrement, Ginguené obtint gain de cause pour le Surveillant des Écoles.

Vers la fin de 1796, le ministre, cédant aux instances de Renou, affecta une salle nouvelle dans les bâtiments du Louvre à l'étude de l'antique. Les professeurs durent procéder au choix des modèles qu'ils placeraient sous les yeux des élèves. Les chefs-d'œuvre de la sculpture grecque et romaine obtinrent leur préférence, et c'était justice, mais ils voulurent aussi que deux œuvres modernes prissent rang parmi les chefs-d'œuvre : le *Bacchus* de Michel-Ange et la *Tête de cheval* de Saly. L'indépendance d'esprit des professeurs de l'École leur fait honneur. Jacques Saly était presque leur contemporain. Il était mort depuis moins de vingt ans; il avait passé la majeure partie de son existence d'artiste à Copenhague; son œuvre maîtresse est la statue équestre de Frédéric V, et ses pairs, en adoptant un fragment de cette statue comme modèle à donner aux jeunes gens, faisaient preuve de haute impartialité.

L'événement de l'année 1797 fut le rétablissement du Prix de Rome. De longs mois avant l'ouverture du concours, la jeunesse des Écoles se passionna pour une récompense plus que séculaire qui, depuis quatre ans, restait supprimée. Le mode de jugement inquiétait les esprits. On se souvenait du prix remporté par Landon, alors que les juges étaient pris au sein de l'ancienne Académie. Le jury constitué, l'année précédente, à l'occasion des concours Caylus et La Tour, paraissait offrir de meilleures garanties. La troisième classe de l'Institut semblait être une menace. Des peintres, des sculpteurs, la plupart académiciens d'autrefois, se trouvaient à nouveau groupés. Des gens avisés prétendirent que cette classe s'arrogerait le droit de décerner le Prix de Rome. Grand émoi chez les futurs concurrents, et Renou, l'ami et le défenseur des étudiants confiés à sa garde, se fit l'écho de leurs craintes.

Citoyen, s'empressa-t-il d'écrire à Ginguené, le 11 ventôse an V (1er mars 1797), notre jeunesse est en alarme. Le bruit court que l'Institut, en corps, prétend donner l'esquisse des grands prix, admettre les concurrens sur leurs essais et, par suite, juger leurs ouvrages. Nos élèves redoutent, je ne vous le dissimule point, le retour d'un jury semblable au dernier, tenu pour ces mêmes prix, où, selon les élèves et les artistes éclairés et impartiaux, la couronne a été donnée à qui ne la méritoit point. Si ce retour de choses avoit lieu, il porteroit le découragement au cœur des élèves, et l'émulation que le Ministre, de concert avec vous, a rallumée, ne tarderoit pas à s'éteindre. C'est bien ici le cas où les lois des gouvernants doivent être du goût des gouvernés.

Renou, cette fois, s'était trompé. Ginguené faisait partie de l'Institut. La lettre du Surveillant des Écoles n'obtint pas de réponse. Au moment venu, les sections de la troisième classe, c'est-à-dire les peintres, les sculpteurs, les architectes et sans doute aussi les musiciens, donnèrent ensemble le sujet du concours et proclamèrent les lauréats.

Ce retour aux traditions du passé comporte toutefois une innovation. Les architectes, antérieurement à 1793, formaient une Académie distincte de celle des peintres et des sculpteurs. Leur École, restaurée sur des bases modestes, n'avait pas son siège au Louvre. La troisième classe de l'Institut ayant réuni les représentants de toutes les branches des arts du dessin, les architectes firent partie du jury appelé à décerner les prix de peinture et de sculpture, de même que leurs confrères, peintres et sculpteurs, participèrent au jugement du prix d'architecture. Ce rapprochement fut le point de départ d'une fusion entre les deux Écoles, et c'est au cours de 1797 que les élèves architectes se virent autorisés à étudier au Louvre, sous la direction de David Leroy, dans une salle contiguë à celles où travaillaient les jeunes gens confiés aux soins de Renou.

Le sujet du concours de Rome fut, pour les peintres, la *Mort de Caton d'Utique*. Sept concurrents entrèrent en loges. Les juges, ayant estimé qu'il y avait lieu de remplir les places présumées vacantes à l'Académie de France, décernèrent trois premiers prix, dont les lauréats furent Pierre Bouillon, Pierre-Narcisse Guérin et

Louis-Gabriel Bouchet. Ce verdict était sage, mais il devait rester platonique, en ce sens que les ressources de la Nation ne lui permettaient pas d'envoyer les lauréats en Italie.

Quatre sculpteurs succédèrent aux peintres dans les loges improvisées par Renou. Ils eurent à traiter en bas-relief *Ulysse et Néoptolème enlevant à Philoctète les flèches d'Hercule dans l'île de Lemnos*. Le premier grand-prix échut à Callamard.

Enfin, sur les huit concurrents en architecture, deux obtinrent le premier prix. Ce furent Dubut et Coussin. Le sujet du concours avait été : *Les greniers publics d'une grande ville*.

La distribution de ces récompenses eut lieu le 11 frimaire (1er décembre 1797). Elle fut de nouveau présidée par Ginguené, qui annonça dans son discours l'arrivée prochaine des antiques et des chefs-d'œuvre de la Renaissance prélevés, à titre de rançon, par les armées de Bonaparte, victorieuses sur tous les points de l'Italie. Ginguené laisse entrevoir à la jeunesse enthousiaste qui l'écoute le prestige des fêtes pacifiques qui jetteront un si vif éclat sur Paris et la France, en Thermidor an VI. Il rassure en même temps les lauréats du Prix de Rome, à qui le gouvernement a le ferme désir d'ouvrir le chemin de ce qu'il appelle « la terre sainte des arts ».

Le même jour, furent proclamés les lauréats des concours du Torse et de la Tête d'expression. Ducq, originaire de Bruges, et élève de Suvée, bénéficia de la fondation de La Tour. Le peintre Jacques Pajou, fils du sculpteur, obtint le prix Caylus, sur une Tête exprimant *le Mépris*.

Le sculpteur Berruer étant mort au Louvre, le 15 germinal (4 avril 1797), Renou avait proposé aux professeurs, réunis en séance, d'insérer au procès-verbal les noms de leurs collègues décédés depuis deux années, c'est-à-dire ceux du sculpteur Allegrain et des peintres Amédée Van Loo et Duramcau, afin que l'on pût s'autoriser de cette mention pour obtenir du ministre le remplacement régulier des professeurs disparus. L'assemblée partagea l'avis de Renou, mais les nominations espérées se firent attendre.

Benezech n'est plus ministre. François de Neufchâteau l'a remplacé en 1797. Son ministère dure moins de deux mois, mais Letourneur, qui lui succède, tombera du pouvoir l'année suivante, et, de nouveau, c'est François de Neufchâteau qui reprendra le portefeuille de l'Intérieur. Pendant ce temps, Renou semble grandir. Les ministres recourent à lui pour des missions délicates, en tous points étrangères à sa fonction de Surveillant. Il est le conseil et le juge auquel se confie l'administration supérieure. Des prix d'encouragement ont été donnés à des statuaires chargés d'exécuter des œuvres d'un caractère patriotique. Ce sont : Morgan, Dumont, Ramey, Foucou, Chaudet, Lorta, Espercieux, Stouf. Tous n'ont reçu que des à-comptes sur les sommes qui leur ont été promises. Tous réclament des versements nouveaux, et c'est à Renou que les ministres demandent d'apprécier le degré d'avancement des statues de la Liberté, du Peuple français, de la Paix, du Philosophe Vincent de Paul, ainsi que le bien-fondé des requêtes des artistes. Cette mission nouvelle fait de notre peintre une sorte d'inspecteur des Beaux-Arts. Avec quel empressement ne se rend-il pas auprès des sculpteurs qu'on lui désigne ! Il examine avec soin leurs ouvrages ; il additionne les à-comptes reçus, et rédige avec scrupule des rapports empreints de droiture où, toutefois, se fait jour une invariable sollicitude à l'égard de ses pairs. Renou ne sait-il pas, par sa propre expérience, quels sacrifices entraînent des ressources insuffisantes ?

Si flatteur que puisse être le rôle officiel que le gouvernement lui demande de remplir, il ne laisse rien péricliter à l'École nationale des Beaux-Arts. Bien plus, il obtient une interprétation chaque jour plus libérale des règlements. C'est ainsi que le prix Caylus, qui, précédemment, était réservé à un peintre, est, à dater de 1798, attribué à deux artistes, un peintre et un sculpteur. Ce sont Delaville, élève de Boizot, et Claude Gautherot, élève de David, qui obtiendront ce prix sur une Tête exprimant *la Douleur*. Le même Gautherot partagera le Prix du Torse avec Granger, comme lui élève de David.

Nous ne dirons rien du concours de Rome, dont les lauréats furent le peintre Harriet, l'architecte Clémence et le sculpteur Delaville. N'oublions pas que les trésors d'art apportés d'Italie étaient entassés au Muséum d'Histoire naturelle, en attendant que les fêtes triomphales de Thermidor fussent organisées. Ces riches trophées passionnaient les esprits, et l'écho de l'enthousiasme général se trahit dans le sujet du bas-relief imposé aux logistes sculpteurs. Ils eurent à représenter *Marcellus faisant embarquer les monuments d'art de Syracuse après la prise de cette ville*. Nous ignorons à qui revient l'honneur d'avoir choisi cette scène. Elle était, somme toute, en harmonie avec les événements de la veille, dont la France était fière, et, pour un peu, en modelant les traits de Marcellus, il n'était pas interdit de songer au vainqueur d'Arcole !

Huit sculpteurs avaient pris part au concours, et Renou insiste sur ce nombre, qui marque un progrès. Le digne homme aime l'art statuaire, et souhaiterait qu'il fût en honneur à l'époque troublée où il défend la cause de l'enseignement de l'art. N'est-ce pas sous sa plume que nous surprenons cet appel plein d'une naïveté touchante :

> Plusieurs sculpteurs ont péri dans nos armées. Je désirerois voir refleurir cet art dans une République dont l'esprit est d'immortaliser les grandes actions par des monumens durables. C'est à la sculpture seule qu'il faut les confier pour les transmettre à la postérité. Les statues de Phidias sont venues jusqu'à nous, quand les tableaux d'Apelle sont disparus. Si vous mettez cela sous les yeux du Ministre, je ne doute pas qu'il n'en soit charmé.

Ce n'est pas Ginguené qui reçut cette lettre. Il avait suivi Benezech dans sa retraite, mais son successeur, Jacquemont, chef de la cinquième division au ministère de l'Intérieur, ne montra pas moins d'intérêt que n'en avait témoigné Ginguené aux requêtes du Surveillant des Écoles. Celui-ci, d'ailleurs, ne cesse d'être en éveil. Il informe son chef hiérarchique du moindre incident. La salle d'assemblée, dans laquelle se réunissent les jurys, renfermait les morceaux de réception des anciens académiciens, ainsi que les portraits des professeurs. Tout à coup, la salle est dépouillée de ces œuvres d'art! Renou s'émeut. Il n'est pas homme à prendre son parti d'une dispersion qui porterait atteinte au domaine national, en même temps qu'elle priverait les élèves de modèles utiles à leurs études. Il écrit au ministre, sous la date du 16 germinal (5 avril 1798) :

> On dégarnit la seule salle qui reste aux professeurs de nos Écoles, pour s'assembler, et procéder à divers jugemens, des morceaux qui la décoraient ; c'est la salle dite *du Laocoon*.
> On promet, à la vérité, que les morceaux, tant de peinture que de sculpture des professeurs vivans seront laissés, et que même ceux déjà enlevés seront rapportés.
> Cette salle étant vaste et d'une haute élévation, pourquoi n'y pas rapporter aussi les morceaux des artistes non professeurs, et qui, par suite, peuvent prétendre au professorat?
> Pourquoi n'y rapporterait-on pas les portraits des professeurs vivans?

Pourquoi surtout en enlever le portrait en pied, peint par lui-même, du célèbre Le Brun, le fondateur et la lumière de notre École ? »

Renou fut écouté, mais il est probable, cependant, que certains artistes montrèrent peu d'empressement à se dessaisir de travaux qu'ils estimaient leur appartenir, en raison de la suppression de l'Académie. Le Surveillant des Écoles en juge autrement. Jacquemont reçoit de lui, le 2 prairial an VI (21 mai 1798), ces lignes explicites :

> Je vous observe, citoyen, que plusieurs artistes, sous divers prétextes, ont fait retirer leurs morceaux de réception, croyant que l'Académie n'existant plus, leurs morceaux doivent rentrer dans leurs mains.
> Ces morceaux appartiennent à la Nation, et il est de droit qu'ils rentrent dans le palais National et dans le lieu des Écoles. J'en ai développé les motifs dans ma lettre au Ministre.
> Si l'Académie n'existe plus, les auteurs ont été payés de ces morceaux par les grâces particulières qu'ils ont reçues du Gouvernement comme logement et autres.
> Les artistes qui ont leurs morceaux entre les mains, sous différents prétextes, sont :
> En peinture, les citoyens Belle, aux Gobelins, Regnault, aux galleries du Louvre, Barbier l'aîné, au Louvre. En sculpture, les citoyens Pajou aux galeries du Louvre, Girault, place Vendôme.
> Nª Presque toutes les figures de marbre sont déjà revenues dans les salles du Laocoon, et renvoyées par le Conservatoire.
> Il seroit à désirer, citoyen, que le Ministre voulût bien adresser des lettres à chacun des artistes sus-nommés.

Tant de netteté dans la défense des droits de l'État honore grandement Renou. Jacquemont sut se faire obéir sous le couvert du ministre. L'École vit la salle du Laocoon se parer à nouveau d'une partie des œuvres d'art qui en avaient été l'ornement. Elle recouvra, notamment, les Portraits des Professeurs, précieuses archives dont elle avait le droit d'être fière, et qu'elle conserva jusqu'en 1888. A cette date, elle fut dépossédée, au profit du Louvre, de plus de cinquante portraits. Il est permis de regretter une mesure dont le résultat a été nul pour notre musée national, tandis qu'elle portait atteinte, dans une proportion désastreuse, aux collections de l'École. Telle peinture transportée au Louvre, en vertu du décret de 1888, n'a qu'une valeur iconique, et, d'autre part, le personnage représenté ne jouit pas d'une célébrité qui explique la présence de son portrait dans le voisinage des chefs-d'œuvre. On peut affirmer que la plupart des Portraits des Professeurs, enlevés de l'École, n'éveillent aucun intérêt dans l'esprit du visiteur qui parcourt les galeries du Louvre. Par contre, exposés dans une salle d'honneur à l'École des Beaux-Arts, ils constituaient un ensemble du plus haut prix. Toutes les familles n'ont pas d'aïeux. Notre grande École est une famille. Elle date de 1648. Elle était fière de ses ancêtres. Elle gardait leur image avec orgueil. Nous voulons espérer encore que la part d'héritage dont l'École est actuellement frustrée lui sera rendue. Ce ne peut être en vain que Duban avait prévu la Salle des Aïeux, dans le Palais des Beaux-Arts, où des générations d'artistes s'exercent à la culture du Beau.

Quelque dévoué que se montre Renou, il ne dépend pas de lui de conjurer la détresse du Trésor. Une note du 27 floréal an VI (18 mai 1798) adressée au Président de la classe des Lettres et Arts de l'Institut, nous rappelle à la réalité.

J'ai l'honneur de vous prévenir, écrit le Surveillant des Écoles, que sur la demande des 3.000 francs, faite par l'Institut pour venir au secours des concurrents aux grands prix des arts, cette année, le Ministre n'a accordé que 2.000 francs. Il en a fait expédier l'ordonnance en mon nom. J'en ai hier touché le montant.

. . . .

Sue, professeur d'anatomie a reçu du Ministre une lettre, datée du 25 prairial an VI, relative aux plaintes des habitants du palais des arts sur les exhalaisons des cadavres disséqués « tous les jours, dit-on, dans l'amphithéâtre d'anatomie ».

Renou écrit à ce sujet au Ministre le 28 prairial an VI (13 juin 1798) :

Il y a plus de quatre mois qu'il n'a été apporté de cadavres dans l'amphithéâtre, ces opérations n'ayant jamais lieu qu'en hiver, et elles s'y font avec les précautions et la propreté la plus grande.

Le 4 vendémiaire an VII (25 septembre 1798), les adjoints à professeurs Berthélemy, Boizot, Houdon, Regnault, Dejoux, écrivent au Ministre pour lui demander, ainsi que l'ont fait les professeurs, « d'adopter l'ancien usage de nomination » et de les nommer professeurs.

Un mois plus tard, on procède, par voie de tirage, au choix des artistes qui prêteront leur concours aux professeurs, dans les jugements de la Tête d'expression et de la Demi-figure peinte. Renou s'empresse de faire connaître au ministre le résultat du scrutin. Il écrit :

Les artistes élus sont :
Dans la Peinture, les citoyens Gérard, Taillasson, Vernet, Peyron, Meynier, Le Thière, Perrin, Monsiau, Le Monnier, Girodet et Le Barbier l'aîné ;
Dans la sculpture, les citoyens Moitte, Girault, Stouf, Roland, Chaudet, Foucou, Lemot, Monot, Ramey et Blaise.

Mais voici l'époque de la distribution des récompenses. François de Neufchâteau n'a pas le loisir de présider lui-même cette solennité. Il fait connaître à Renou le délégué qu'il s'est choisi :

Citoyen, lui écrit-il le 10 frimaire an VII (30 novembre 1798), les élèves des Écoles spéciales qui ont concouru pour les prix de la demi-figure et de la tête d'expression ne peuvent qu'être infiniment flattés de les recevoir des mains du citoyen Vien, artiste recommandable, qui, le premier, leur a tracé la route du Beau et révélé les secrets de l'Antique. Je l'autorise à couronner les élèves en mon nom, vous voudrez bien l'en prévenir.

On a vu plus haut que Renou s'était ému de l'enlèvement des morceaux de réception qui jusqu'alors avaient décoré la salle du Laocoon. Il avait été fait droit à ses réclamations, au moins dans une certaine mesure, car le 12 frimaire an VII (2 décembre 1798) lorsqu'il souhaite la bienvenue à Vien, délégué du ministre, il fait allusion au tableau de *Dédale et Icare*, morceau de réception du peintre à l'Académie. Il semble bien que la toile, soit sous les yeux des élèves, réunis autour de lui à l'occasion de la distribution des récompenses. Renou n'est pas orateur. Sa forme manque d'élégance, mais la pensée est toujours délicate ; le sentiment est juste et plein d'à-propos.

Regardez, dit-il, *Dédale attachant des ailes à son fils Icare* pour le tirer avec lui du labyrinthe de Crète.
Dans ce tableau, qui, comme son auteur, s'est conservé sans altération, et qui paroit sortir de dessous son pinceau, notre Nestor semble, à son insçu, avoir prédit sa destinée et tracé son histoire. En effet, il a tiré l'école française du labyrinthe de la mode.

La France est en guerre. Sans cesse, on recrute des soldats. La jeunesse sent peser sur elle l'impôt du sang. Là encore s'exerce la vigilance de Renou, et, telle est la force persuasive de sa parole, qu'il a su vaincre les pouvoirs publics chargés d'assurer les contingents. Il parvient à être, en quelque sorte, l'arbitre accepté par le Ministre de la Guerre. C'est lui qui a mission de fixer le nombre des dispensés.

Jacquemont lui écrit le 1er nivôse an VII (21 décembre 1798) que le ministre de l'Intérieur est tenu de faire parvenir à la Guerre un état nominatif des élèves de l'Ecole. Il ajoute que, d'après les instructions données par la Guerre, cet état « devra comprendre les noms, prénoms et âge des élèves, indiquer leurs talens et désigner ceux qu'il est indispensable de conserver dans les Ecoles. »

La bonne foi du ministre de la Guerre ne peut faire doute. Sa bienveillance à l'endroit des élèves est évidente. Mais l'Europe est sous les armes. Macdonald et Kellermann sont aux prises avec l'armée napolitaine ; Joubert est à Turin ; Championnet, à Rome et à Capone ;

Hedouville, en Vendée ; Bonaparte, en Syrie ; Masséna, à Coire ; Desaix, à Samhoud (Haute-Égypte) ; Junot, à Nazareth. L'Angleterre, l'Autriche, une partie de l'Empire, les rois de Naples et de Portugal, la Turquie et les États barbaresques sont coalisés contre la France. Le Directoire se voit contraint de faire face aux nécessités cruelles du moment. L'arrêté qui va suivre et qui, par prudence, n'est pas rendu public, parvient, manuscrit, au Surveillant des Écoles. C'est le ministre de l'Intérieur qui le lui transmet.

AMPLIATION

Extrait des Registres du Directoire exécutif.

Paris, le 13 floréal an VII (2 mai 1799) de la République française, une et indivisible.

Le Directoire exécutif, ouï le rapporteur du Ministre de l'Intérieur, arrête qu'il n'y a pas lieu à délibérer sur la demande d'exemption ou d'embrigadement pour les conscrits appelés à la défense de la Patrie par la loi du 18 germinal.

Les ministres de l'Intérieur et de la Guerre sont chargés, chacun en ce qui le concerne, de l'exécution du présent arrêté qui ne sera pas imprimé.

Pour expédition conforme, le président du Directoire exécutif, signé : BARRAS.

Pour le Directoire exécutif, le Secrétaire général, signé : LA GARDE.

Pour copie conforme, le Ministre de l'Intérieur, FRANÇOIS DE NEUFCHATEAU.

Ordre était donné à Renou de porter cet arrêt terrible à la connaissance des élèves. On devine sa douleur. Elle éclate dans la lettre qu'il adresse au ministre, le 15 floréal (4 mai), c'est à dire dès le lendemain du jour où il a dû avouer son impuissance aux jeunes hommes qu'il espérait défendre.

Citoyen Ministre,

N'est-il plus d'espoir pour les élèves de nos Écoles ? Le Directoire, par les circonstances les plus impérieuses, a-t-il retiré sans retour sur eux sa main protectrice et bienfaisante ?

Le citoyen Hariette, qui est tombé au sort, qui a remporté le Grand-

Prix de peinture de l'an VI, les citoyens Famin et Vincent qui concourent au Grand-Prix d'architecture vont donc être arrachés aux arts?

Mais, au moins, citoyen Ministre, obtenez du Directoire qu'il soit accordé un délai aux trente-trois élèves peintres, sculpteurs et architectes qui sont tombés au sort, et qui, espérant sur la bienveillance du Directoire, n'avoient fait aucune démarche pour se procurer des remplaçans. Combien peu, hélas, seront en état de le faire !

François de Neuchateau tenait en haute estime les professeurs de l'École. Était-il saisi d'une demande de secours en faveur de quelque artiste, c'est au corps des professeurs qu'il faisait appel, afin d'être renseigné. De nos jours, les pouvoirs publics s'adresseraient volontiers à l'Institut. Il n'en était pas de même sous le Dirctoire.

Le 15 nivose an VII (4 janvier 1799), le ministre écrivait en ces termes aux professeurs :

> Citoyens, je suis instruit que le citoyen Julien de Parme, peintre, demeurant rue des Postes, vis-à-vis des Eudistes, est dans la plus grande détresse, et à la veille de vendre à vil prix deux tableaux dont il est auteur, et que l'on désigne comme superbes. Avant de prendre une détermination à cet égard, je désirerois savoir si ces deux tableaux, dont les sujets sont la *Méditation* et *Ève*, ont en effet quelque célébrité parmi les artistes, et si leur auteur est véritablement dans la misère. Je vous invite donc à me donner sans délai votre avis sur ces ouvrages, et les talens de cet artiste, ainsi que des renseignements sur sa position.

Les professeurs assemblés le 21 nivose (10 janvier) décidèrent que Renou écrirait à Julien de Parme pour lui demander de permettre que ses deux tableaux fussent exposés dans la salle du Laocoon, afin que les professeurs fussent à même de juger de leur valeur, pour en faire un rapport au Ministre. Ici, nous transcrivons, le procès-verbal de la séance.

> Renou s'est proposé de porter la lettre lui-même.
> Cette mesure a été adoptée, comme annonçant les égards que l'on doit aux talens et à l'infortune.
> Au cours de la séance du 27 nivose an VII (16 janvier 1799), Renou rédige, au nom des professeurs, la lettre qui doit être adressée au ministre pour lui fournir les renseignements demandés.

Il a trouvé Julien de Parme touché jusqu'aux larmes des secours que le ministre lui avait fait parvenir.

Au sujet de l'exposition des tableaux, Renou écrit : Julien de Parme m'a montré de la répugnance, à son âge, ayant quitté son art, d'exposer devant une telle assemblée des objets qu'il regarde comme de peu d'importance. Enfin, il m'a dit qu'il ne désiroit qu'une place pour subsister.

Renou ajoute que, d'après le rapport fait aux professeurs, ceux-ci, saisissant l'esprit de la lettre du ministre, se sont rappelés des ouvrages majeurs de cet artiste tels que le *Sommeil de Jupiter sur le Mont Ida*, dont le citoyen Dejoux, sculpteur, est possesseur, plusieurs frises et dessins de vastes compositions, des ouvrages de lui placés dans les maisons Nivernois et de Ligne ; et ils en ont conclu qu'en somme c'est un artiste recommandable dans son art, très estimé sous le rapport des lumières, et d'une probité sévère.

Quant aux renseignements sur sa position, il m'a avoué, dit Renou, qu'il avoit précédemment un revenu annuel d'à peu près 2.800 francs. Ce revenu, m'a-t-il dit, est nul pour lui, étant placé sur des particuliers dont les biens sont séquestrés.

D'après ces renseignemens, et sur la connaissance des talens du peintre, les professeurs regardent l'occasion comme heureuse pour eux, et ont chargé le Surveillant d'assurer le ministre que c'est avec une vraie satisfaction qu'ils rendent hommage à Julien de Parme, comme artiste et comme philosophe éclairé, plein d'humanité, et surtout bon citoyen, puisque son civisme l'a déterminé à élever un orphelin dont le père est mort en défendant la patrie.

Le style est défectueux, mais la pensée ne cesse pas d'être généreuse. En ces temps lointains, les fonctions publiques, la célébrité ne faisaient pas obstacle au rapprochement des personnes. On était grand sans le savoir, et cette ignorance ajoute singulièrement à l'élévation du caractère. Nous venons de surprendre les professeurs dans leur sollicitude collective à l'endroit d'un confrère. Le 17 pluviose (5 février), il sera fait mention au procès-verbal de la maladie du concierge de l'École.

Les professeurs informés que le citoyen Phélipot, concierge des Écoles, étoit dangereusement malade, ont sur le champ chargé les citoyens Vincent et Houdon d'aller en députation, de leur part, lui témoigner l'intérêt qu'ils prennent à sa conservation, intérêt que le citoyen Phélipot, homme vertueux, instruit, constamment fidèle à ses devoirs, et respectable par la pureté de ses mœurs, mérite sous tous les rapports.

Je ne sais si je me trompe, mais, de notre temps, nous avons perdu le secret de ces délicatesses. Parler d'un concierge dans un document officiel ! Consacrer un quart de page, dans un registre de procès-verbaux, à mentionner la maladie d'un serviteur ! Envoyer à son chevet une députation ! Inviter deux artistes en renom à prendre sur leur temps pour une visite de ce caractère, je persiste à croire que mes contemporains trouveraient à ces procédés quelque exagération. Nous y mettons plus de morgue, disons le mot, plus d'égoïsme. Est-ce un progrès ? Diderot, s'il eut vécu, aurait applaudi à cette marque d'estime. Vous vous souvenez de la première ligne du salon de 1775 ? Diderot s'exprime ainsi : « Sous la protection spéciale du concierge, M. Phélipot, j'étais entré de bonne heure au salon. » Brave Phélipot, qui savait faire fléchir la consigne lorsque Diderot frappait à sa loge !

C'est en 1799, le 11 germinal (31 mars), que, pour la première fois, nous voyons paraître dans les actes officiels le titre nouveau de l'École. Elle est dénommée École spéciale de Peinture, Sculpture et Architecture.

Les lauréats de la Tête d'expression furent les peintres Gaudar et Ducq. Le prix du Torse ne paraît pas avoir été décerné.

Le sujet imposé aux peintres pour le concours de Rome fut *Manlius Torquatus fait conduire son fils au supplice*. Le grand-prix échut à Gaudar.

Les sculpteurs eurent à exécuter en bas-relief *Périclès se couvre la tête de son manteau ;* Dupaty obtint le prix.

En architecture, Gasse, élève de La Barre, fut le lauréat du concours. Le sujet proposé avait été *Un Élysée ou cimetière public*.

Dirons-nous, pour ne rien omettre, que le sculpteur

Lemot est chargé par l'Etat d'exécuter « une copie de l'*Apollon* antique » ? François de Neufchâteau confie à Renou le soin de distraire de la salle d'anatomie un plâtre de l'*Apollon*. Lemot, statuaire de mérite, réduit au rôle de copiste ! La commande est singulière.

Ce n'est là qu'un épisode. La situation générale est plus digne de notre intérêt. La gêne pèse sur l'Ecole. Les professeurs, le Surveillant, le comptable ne peuvent obtenir du Trésor les sommes indispensables au fonctionnement de la maison. Les dépenses les plus urgentes demeurent en souffrance. L'exposé de cette pénurie revêt un caractère douloureux dans la pétition collective que le personnel enseignant adresse au ministre.

> Citoyen Ministre, est-il dit dans cette pièce, sous la date du 22 fructidor (8 septembre 1799), veuillez vous faire représenter la lettre écrite à votre prédécesseur, le 5 pluviôse an VII, par le Surveillant des Écoles, contenant une demande de 1.600 francs pour les dépenses journalières du service. Ensemble celle des professeurs du 25 prairial, même année, appuyant cette demande.
>
> Les circonstances n'ont pas permis, sans doute, qu'aucuns fonds soient parvenus au citoyen Le Comte, professeur et comptable des Écoles.
>
> Leur situation devient de jour en jour plus alarmante, aux approches de l'hyver, pour les provisions de toute espèce, comme bois, charbon, chandelle et autres.
>
> Aujourd'huy les professeurs assemblés, gardant le silence sur leurs propres besoins, pour ne s'occuper que du maintien des Écoles, se joignant au comptable et au Surveillant, pour vous faire de réitératives demandes, espérant que vous ne souffrirez point, autant qu'il sera en vous, citoyen ministre, que la première école des Beaux-Arts en Europe, ouverte sans interruption depuis plus de 160 ans, se ferme faute de moyens de continuer ses exercices.
>
> Elle eut été fermée sans les avances du citoyen Le Comte, chargé de la comptabilité. Il l'a soutenue de ses propres fonds et de son crédit vis-à-vis des fournisseurs, mais tous ses moyens sont épuisés.
>
> Nous nous bornons à ce simple exposé.
>
> Salut et Respect.

Cette lettre, d'une dignité si parfaite, demeura sans effet. Nous serions presque tenté d'en être heureux, puisque la détresse prolongée qui sévit sur l'Ecole provoqua, de la part des professeurs, le pacte admirable dont nous trouvons la trace éloquente au procès-verbal de l'assemblée du 7 brumaire an VIII (29 octobre 1799).

> Les professeurs, vu les circonstances, ont fait la délibération suivante : Nous, soussignés, professeurs des Écoles de Peinture et Sculpture, assemblés, invitons le citoyen Le Comte, professeur, chargé de la comptabilité, d'employer son crédit pour se procurer bois et chandelle, pour le service journalier des Écoles, pendant l'hiver de la présente année, sous notre garantie solidaire, jusqu'à la concurrence de la somme de six cent soixante-six francs, dans le cas où le citoyen Le Comte seroit forcé de payer les fournisseurs, avant d'en avoir reçu les fonds du Trésor public.
>
> Fait au palais des Sciences et Arts, salle du Laocoon, lesd. jour et an cy dessus.

Les fastes de l'Ecole ne sont pas sans gloire. Les maîtres les plus illustres du dernier siècle ont grandi dans son enceinte. A leur tour, ils ont initié de jeunes hommes bien doués à la pratique de l'art. Certaines heures ont été radieuses dans l'histoire de cette maison privilégiée, mais nous ne pensons pas que ses annales renferment jamais une page plus touchante, plus noble dans sa simplicité, que le contrat spontanément accepté par les professeurs en charge, le 29 octobre 1799. Ces hommes de cœur, sans fortune personnelle, oublient leur propre dénuement, et s'imposent l'engagement pénible de venir en aide à la Nation, dans le but d'assurer le fonctionnement de l'École. Un sacrifice de cet ordre honore au plus haut point ceux qui l'ont assumé. Il nous permet aussi d'entrevoir les difficultés financières que traversa la France à la veille du Dix-huit Brumaire.

Lucien Bonaparte, ministre de l'Intérieur, écrit à Renou et aux professeurs le 9 pluviôse an VIII (29 janvier 1800). Le ministre estimerait utile que les dessins présentés aux divers concours de l'année, à l'École des

Beaux-Arts, fussent répartis, après jugement, entre les écoles centrales de France. On constituerait ainsi, dans ces maisons d'enseignement, un fonds de quelque valeur, et les élèves des Écoles centrales y puiseraient peut-être une émulation profitable.

Le 23 ventôse (14 mars), a lieu la distribution des récompenses, et Renou, toujours sur la brèche, prononce un discours dans lequel il annonce à son auditoire, non sans fierté, l'entrée de Vien au Sénat.

Les événements sont rares en 1800 (1).

Renou fait savoir au ministre, le 1er ventôse (20 février), que l'École « compte 144 élèves, et non pas 600, comme on le croit dans les bureaux du ministère ». Cette rectification est sûrement opportune, mais nous ne pouvons saisir, à la distance d'un siècle, la valeur du propos qui l'a motivée. Retenons le chiffre donné par Renou à titre de statistique.

La mort a creusé des vides dans les rangs des professeurs. Ceux-ci souhaiteraient d'être autorisés à appeler au professorat ceux de leurs confrères qui ne sont qu'adjoints. Le Surveillant est chargé de transmettre leur désir au ministre (23 fructidor — 10 septembre).

Suvée est toujours directeur nominal de l'Académie de France. Ses pensionnaires sont à Paris. On ne peut songer à les envoyer en Italie. Les finances s'y opposent. Suvée n'en demeure pas moins leur chef. Ils se groupent autour de lui, et ne dédaignent pas de participer aux exercices qui se font dans l'École. Toutefois, l'état-major des lauréats réclame quelques privilèges. Suvée s'en est entre-

---

(1) Marin, sculpteur, et Hersent, peintre, se partagent le prix de la Tête d'expression. Le prix du Torse est remporté par Granger et Gaudar. Au concours de Rome, en peinture, le premier grand-prix est décerné à Granger. Ingres obtient le second. Le sujet du concours est *Antiochus, instruit que Scipion était malade à Éllée, lui rend son jeune fils qui était prisonnier*. Les sculpteurs ont à traiter *Priam aux pieds d'Achille*. Le premier prix n'est pas attribué. Le second est remporté par Friedrich Tieck, né à Berlin. Le sujet du concours, chez les architectes, est *Une École nationale des Beaux-Arts*. Le lauréat sera Vallot, élève de Durand.

tenu avec le ministre et, en vendémiaire an IX (octobre 1800), nous relevons cette note sur le registre des assemblées :

> Le citoyen Suvée, directeur de l'École française des arts à Rome, a demandé, d'après l'intention du ministre, que les pensionnaires de la dite École jouissent d'une distinction particulière tendant à l'émulation générale : celle d'attendre, dans un lieu à part, que le professeur, après avoir posé le modèle, les invite d'entrer dans l'École, pour y choisir les premiers leur place. Cette demande a été octroiée unanimement.

Nous avons laissé Le Comte avec le titre de comptable. Le digne artiste est nommé « administrateur de l'École » le 7 brumaire an IX (29 octobre 1800).

Honor, onus ! La responsabilité de l'administrateur ne laisse pas d'être lourde. L'argent est toujours rare, mais nous connaissons le désintéressement des professeurs, aussi ne trouvons-nous pas surprenante la demande de Lecomte à ses confrères, ainsi libellée sous la date du 12 frimaire (3 décembre).

> Le citoyen Le Comte, vu le manque de fonds, a proposé aux professeurs assemblés de l'autoriser à payer, par retenue sur les premiers deniers qu'il recevra de leurs appointemens, la somme de 958 francs 65 centimes, en portion égale sur chacun d'eux, pour acquitter des mémoires de fournitures pour les Écoles.

On ne peut y mettre plus de simplicité. L'abnégation des Professeurs est chose reçue. Il serait superflu, semble-t-il, de les consulter sur l'abandon de leur traitement, dès lors qu'il s'agit de leur œuvre de prédilection : l'École.

Le 3 nivôse (24 décembre) éclate la machine infernale de la rue rue Saint-Nicaise, dirigée contre le Premier Consul. Aussitôt, les professeurs s'assemblent et décident de s'imposer individuellement une souscription de six livres tournois « en faveur des indigents victimes de l'explosion ». Quelques jours plus tard, ils félicitent le

« Premier Consul Buonaparte d'avoir échappé à la catastrophe ».

Sous la date du 17 nivôse (7 janvier 1801), le Museum des arts demande à Le Comte de se déssaisir des morceaux de réception de David et de Regnault, pour en décorer le palais consulaire. Les professeurs invitent aussitôt Le Comte « à représenter à qui il appartiendra que l'Ecole éprouve une sorte de douleur d'être privée d'ouvrages d'artistes vivants, dont les travaux honorent notre siècle ».

La distribution des prix a lieu le 13 pluviôse (2 février) Chaptal est ministre. Renou, dans son discours, s'exprime en ces termes :

Le Gouvernement vient de confier le Ministère de l'Intérieur aux mains d'un savant qui s'est montré digne de ce choix par un excellent rapport sur l'instruction publique. Loin de porter un esprit destructeur dans toutes les parties, il sçait conserver les institutions approuvées par la raison, et confirmées par une heureuse et longue expérience.

C'est ainsi que, dans ce rapport, il dit : « les grands hommes qu'a produits l'Ecole créée par Charles Le Brun, en 1648, prouvent trop la bonté de son organisation pour n'en point respecter les bases ». Avec de légères modifications, ce ministre propose, en la réunissant à celle d'Architecture, de raffermir la nôtre sur ses anciens fondemens, et sous le titre d' « École spéciale des arts du dessin ». Si cette sage institution nous reste, que nous importe le nom ? A la faveur du plus riche Musée de l'Univers, notre Ecole des arts, dirigée par les plus habiles, fréquentée par les élèves de la plus belle espérance, sera la première de l'Europe, et j'ose en garantir la durée. Le Ministre en approuve le régime, le mode d'étude et les divers concours d'émulation.

Les professeurs sont infatigables. Ils ne cessent de se réunir. On ne compte pas moins de vingt assemblées par année.

Gibelin, ex-administrateur du musée de Versailles a saisi le ministre d'une proposition. Il souhaiterait de faire un cours d'archéologie à l'Ecole des Beaux-Arts et d'exposer les principes de la peinture à fresque. Le 11 fructidor an IX (29 août 1801), Renou repondra, au nom des professeurs consultés par Chaptal, que « la science des antiquités est d'un essentiel intérêt pour l'artiste » et que des connaissances sur la peinture à fresque « peuvent avoir de l'utilité ».

Ingres remporte le prix de Rome en peinture. Le sculpteur Marin, l'architecte Famin sont les lauréats des autres sections. Joseph-Charles Marin, né à Paris, élève de Clodion, laisse écrire sur le registre de l'École qu'il est âgé de trente-sept ans. Marin se flatte. Il a cinquante-deux ans. Aucun pensionnaire de l'Académie de France n'a conquis son titre à un âge aussi avancé. Milhomme, le lauréat de 1800, n'avait que quarante-deux ans (1).

Des élèves ont fait preuve d'inexpérience en face de l'*Écorché* de Houdon. La teinte monochrome du plâtre met obstacle à l'intelligence des parties « musculeuses, tendineuses et osseuses ». Suvée s'émeut de cette difficulté et accepte de colorier l'*Écorché*. Il va de soi que le digne artiste refuse toute rémunération pour ce travail. Nous connaissons les traditions généreuses des professeurs. Mais Suvée est enfin à la veille de se rendre en Italie comme directeur de l'Académie de France. Ses collègues, assemblés le 21 floréal an IX (11 mai 1801), « désireux de reconnaître son zèle » avant son son départ pour Rome « demandent au ministre de lui faire don d'une figure moulée « aux dépens de la nation ».

Landon, qui déjà se préoccupe des recueils de planches auxquels il devra sa célébrité, a demandé l'autorisation de graver les prix de Rome. Il se propose de leur donner place dans le vaste ensemble connu sous le titre *Annales du Musée et de l'École moderne des Beaux-Arts* (1801-

---

(1) Les peintres avaient eu pour sujet *Les Ambassadeurs d'Agamemnon arrivent dans la tente d'Achille pour le décider à combattre*. La composition donnée aux sculpteurs était : *Caïus Gracchus se sépare de sa femme et de son enfant pour aller rejoindre les conjurés*. On avait demandé aux architectes *Un Forum*. Le sculpteur Matte avait remporté le prix de la Tête d'expression ; Ingres et Gaudar furent les lauréats du prix du Torse.

1810, 17 vol. in-8). Les professeurs chargent Renou d'informer Landon de l'accueil favorable fait à sa demande.

Les pensionnaires répondent à l'appel de Suvée. Le départ de la colonie française, qui va planter son drapeau sur la Villa Medicis, est imminent. Mais un lauréat manque à l'appel. C'est Delaville, qui remporta le prix en 1798. Suvée s'émeut de cette défection, et demande à Chaptal le 12 vendémiaire an X (4 octobre 1801) d'avoir pour agréable que, lors du prochain jugement, il soit décerné deux premiers grands prix en sculpture.

Cette autorisation, ajoute Suvée, trouve naturellement son motif dans la démission du citoyen Laville, sculpteur, qui a renoncé aux avantages résultant du Grand Prix, pour suivre un établissement industriel dans le département de Calais.

Chaptal accueille la requête de Suvée et il y sera fait droit en 1802.

Le directeur de l'Académie de France considère sa mission comme temporaire et, sur sa demande, ses confrères décident qu'à son retour de Rome il reprendra sa place parmi les professeurs de l'École.

Renou est gravement malade. Il ne peut assister à la séance du 23 fructidor an IX (10 septembre 1801). Les citoyens Vincent et Le Comte sont députés par l'assemblée pour exprimer au Surveillant des Écoles « le vif intérêt que tous prennent au prompt rétablissement de sa santé. »

L'un des professeurs, le sculpteur Mouchy, est décédé le 19 frimaire an X (10 décembre 1801), aux galeries du Louvre. C'est une vacance nouvelle dans le corps des Professeurs. Ceux-ci s'attristent de ne pouvoir combler les vides qui se produisent dans leurs rangs. Ils chargent Renou de rédiger une supplique nouvelle, à l'adresse du

Ministre, et, dans la séance du 11 nivose an X (1ᵉʳ janvier 1802), le Surveillant donne lecture du texte suivant :

> Citoyen Ministre,
>
> Les professeurs, apprenant la perte que les Écoles viennent de faire dans la personne du citoyen Mouchy, statuaire, qui a conservé son talent dans ses derniers ouvrages, témoin le buste de Sully, exposé au dernier salon ; considérant qu'il est à craindre que des pertes multipliées de ce genre ne dénûent les Écoles de bons professeurs, ont cru devoir réitérer la prière qu'ils ont déjà faite à vos prédécesseurs et à vous-même, citoyen ministre, celle qu'il leur soit permis d'appeler, comme il est d'usage, aux places vacantes de professeurs, les adjoints par leur ancienneté et à tour de rôle. Il en est qui sont expectans depuis 17 ans. Observez que ces artistes n'ont point été adjoints sans prouver un talent égal à celui des professeurs qu'ils suppléent au besoin. Les professeurs prient instamment votre sagesse de peser le bien des Écoles, et la justice dûe à l'ancienneté de service. »

Le 9 pluviose an X (29 janvier 1802), Vien et Renou sont à leur poste, pour la distribution des récompenses. Le discours de Renou respire l'enthousiasme. Le traité de paix avec la régence d'Alger, les préliminaires de la paix d'Amiens répandent la sérénité dans les esprits, et Renou se persuade que ce repos d'un jour sera de longue durée. C'est en cette solennité que le prix du Torse est décerné à Ingres, et celui de la Tête d'expression à Matte, élève de Monot.

Suvée tient ses collègues au courant de la situation qui lui est faite à Rome. L'état dans lequel se trouve l'Académie est loin de le satisfaire. Une Assemblée extraordinaire des professeurs a lieu le 13 ventose (3 mars). Le procès-verbal en est laconique :

> Les professeurs chargent les citoyens Lecomte et Renou de s'adresser au ministre de l'Intérieur pour venir au secours du citoyen Suvée, qui se

trouve dans le dénuement le plus absolu. A Paris, au Louvre, ce 12 ventose an dix, et ont signé (1).

Une demande singulière parvient à Renou. Le citoyen Lejeune, capitaine du génie, qui a exposé un remarquable tableau sur la *Bataille de Marengo*, sollicite l'autorisation de dessiner dans les Écoles! » L'auteur de cette lettre fait preuve d'un rare bon sens. Aide de camp du général Berthier, acclamé par un public enthousiaste, à l'occasion de son tableau, que le Premier Consul a récompensé d'une médaille d'or, Lejeune se rend compte des lacunes de sa formation dans l'art du peintre, et il aspire à prendre rang parmi les élèves de l'École. « Les professeurs ont arrêté que cet artiste aurait accès dans les Écoles par la porte des médaillistes, et qu'il entrerait immédiatement après les seconds grands-prix (21 vendémiaire. — 13 octobre).

Suvée est-il donc parti seul pour l'Italie ? Les Professeurs s'assemblent le 11 nivose an XI (1ᵉʳ janvier 1803) et dressent l'état dont voici la teneur :

Rapport des professeurs sur les ouvrages exposés des élèves qui doivent remplir les places de pensionnaires à l'École des Arts de France à Rome.

PEINTURE

Bouillon, Prix remporté en l'an V. — *Céphale et Procris*.

Guérin, Prix remporté en l'an V. — *Orphée pleurant sur le tombeau d'Eurydice*.

Bouchet, Prix de l'an V. — *Aréthuse*.

---

(1) Le prix de Rome, en peinture, fut attribué, à l'unanimité, à Menjaud, sur *Sabinus, Eponine et leurs enfants aux pieds de Vespasien*. Les sculpteurs eurent à traiter *Cléobis et Byton conduisant leur mère au Temple de Junon*. Les deux lauréats du premier grand prix furent deux étrangers : Esgensviller (Pancrace) de Soleure, élève de Dejoux, et Bartolini (Lorenzo) de Florence, élève de Lemot. « Ces lauréats, est-il dit au procès-verbal du 15 vendémiaire an XI (7 octobre 1802), n'ayant pas droit, en leur qualité d'étrangers, aux bienfaits de la nation, n'ont réellement remporté que des prix d'honneur. » Les architectes eurent à composer une *Foire avec salle d'exposition pour les produits de l'industrie*. Le prix échut à Rohault.

Harriet, Prix de l'an VI. — *Repos d'Androclès.*
Gaudar (Alphonse), Prix de l'an VII. — *Ariane abandonnée.*

SCULPTURE

Callamard, Prix de l'an V. — *Hyacinthe blessé par Apollon.* — Ronde bosse.
Dupaty, Prix de l'an VII. — *L'Amour adolescent.* — Ronde bosse.

Nous avons lieu de penser que ces sept artistes ont constitué le premier groupe des pensionnaires qui rejoignirent Suvée. Ce qui nous confirme dans cette opinion c'est une demande formulée par Ingres, le 1er brumaire au XII (24 octobre 1803), et qui semble bien être datée de Paris.

Le secrétaire fait lecture d'une lettre du citoyen Ingres, pensionnaire des Beaux-Arts, par laquelle il demande qu'il lui soit prêté un des tableaux de concours du Torse, pour l'encouragement d'une école établie à Montauban, dont son père, peintre, est professeur. Les professeurs ont accordé sa demande avec un récépissé de sa part, au nom de son père, et dans la forme qui lui sera indiquée.

Il est curieux de voir Ingres père emprunter à l'Ecole de Paris une Demi-figure peinte, qu'il se propose de placer sous les yeux de étudiants de Montauban, dans le but de stimuler leur zèle (1).

L'allocution que prononcera Renou le 10 pluviose an XII (31 janvier 1804), en la solennité de la distribution des prix, revêt un caractère particulier. De l'aveu de son auteur, ce n'est pas un discours. Il s'en tiendra, dit-il, à une « modeste conférence ». Il se sent peu enclin au genre oratoire, et une conférence est en son lieu devant

---

(1) Le sujet du concours de Rome, en 1803, fut donné par la classe des Beaux-Arts de l'Institut. Les peintres eurent à traiter *Enée emportant son père Anchise.* Blondel obtint le premier prix. Gaulle, élève de Moitte, fut le lauréat en sculpture. Il avait eu à traiter en bas-relief, *Ulysse reconnu par Euryclée sa nourrice.* Pagot, architecte, remporta le prix sur *Un port maritime.* Le prix de la Tête d'expression ne fut pas décerné. Granger obtint le prix du Torse.

les élèves de l'Ecole, puisqu'elle peut être le ressouvenir d'un usage fort en honneur dans l'ancienne Académie de Peinture. Les conférences dit-il sont « l'une des institutions primitives de cette Ecole. » L'ancien secrétaire de l'Académie n'a pas oublié les exercices mensuels que se sont imposés les professeurs de 1667 à 1792.

> Estimant avec raison qu'à l'exercice journalier du modèle vivant qu'aux cours indispensables de perspective et d'anatomie, il serait bon de joindre des leçons de théorie, ces habiles gens (les premiers académiciens) demandèrent au gouvernement et obtinrent qu'il fut envoyé, tous les premiers samedis de chaque mois, un morceau de grand maître de la collection de la Couronne.

C'est en effet sur un tableau de Raphaël que parla Le Brun, le samedi 7 mai 1667, sur une œuvre de Titien que parla Champaigne, sur une seconde toile de Raphaël que porta la dissertation de Nicolas Mignard, sur un chef-d'œuvre de Véronèse que Nocret prit la parole. Puis, durant plusieurs mois. Le Brun, Bourdon, Champaigne, Loir, Nocret parlèrent de Nicolas Poussin, Van Opstal, Anguier, Regnaudin traitèrent de sculpture. André Félibien a recueilli les commentaires étudiés de ces bons artistes, que nous avons nous-même remis en lumière en 1883. Sans doute, la critique, depuis Diderot, a le pas plus alerte que la parole ralentie et parfois pesante des membres de l'ancienne Académie, mais le sentier suivi, le précepte formulé, le mérite révélé, pour le plus grand bien des élèves de l'Ecole académique, ne seront désavoués par aucun éducateur. Admettons, si vous le voulez, que la leçon manque de relief, d'imprévu, elle est toujours dictée par le bon sens et le goût. Elle ne put moins faire que d'être profitable.

Renou, vieillissant, se reprend à l'attrait des souvenirs. Il fait l'éloge des Conférences, et il faut lui en savoir gré. L'usage était excellent. Pourquoi ne pas essayer de le faire revivre? Renou s'est évidemment posé la question. Mais l'Académie de peinture a vécu. Si un vestige de ce corps disparu subsiste encore, il ne forme qu'une classe réduite, dans un corps nouveau, l'Institut, qui est assemblée de savants, d'écrivains et d'artistes, sans liens entre eux.

Ces réflexions ont traversé l'esprit de Renou. Il se rend compte du dommage porté à l'art par cette réduction étroite, imposée au groupement naturel des artistes de son pays. Et, dans sa sincérité d'honnête homme, il ne craint pas de s'affirmer, en face de l'ordre nouveau, partisan de l'ordre ancien.

> Qui de nous ne voudrait revoir ce corps *illimité* tenir ses comices paisibles, où le candidat, protégé de ses seuls talens, pouvait en tous les temps apporter des productions de sa main et de son génie? Elles étaient mises dans la balance du scrutin. Si le poids des deux tiers des suffrages les enlevaient rapidement, elles étaient attachées, sur le champ, comme en trophées, aux murs de la salle, pour y attester à jamais les talens du candidat et l'équité des juges, dont il devenait dès lors et l'émule et l'ami. Mais que sont devenus ces trophées? Ne vous alarmez point. Ils sont transportés au Muséum. Ils y rayonnent d'un nouvel éclat. Enfin où trouverons-nous ces sublimes conférences? Au Muséum. Courez-y, à tous les moments, entendre des yeux les muettes et divines leçons des plus grands artistes de tous les siècles et de tous les pays. Auprès de ces leçons, l'esprit des Dubos, des Winckelman, et de tant d'autres discoureurs sur les arts, s'évapore en fumée.

On sait que le nombre des membres de l'ancienne Académie était, en effet, illimité. De là, sa force et aussi la variété des talents auxquels un titre d'académicien pouvait apporter une sanction, sans que jamais un Watteau ou un Chardin eussent à craindre que la corporation des artistes ne les accueillît avec orgueil.

Renou vient de nous l'apprendre. Les morceaux de réception enlevés du siège des Écoles, et transportés au

Museum, n'ont pas tous été rendus au Surveillant. C'est au Museum qu'il convie ses auditeurs à les aller voir en 1804. Ne le regrettons pas. Ces peintures constituent, au Louvre, le noyau des collections de l'École française moderne. Elles appartiennent de droit à notre galerie nationale. Elles n'ont pas pour l'École des Beaux-Arts l'intérêt particulier que présentent les Portraits des Professeurs.

Le 21 ventose an XII (12 mars 1804), les Professeurs assemblés votent une adresse de félicitations au Premier Consul qui vient d'échapper à la conspiration de Georges Cadoudal. Vien, président, Renou, secrétaire, apposent leur signature sur cette adresse.

L'École quitte le Louvre. Elle est transférée au collège des Quatre-Nations, qui prend la dénomination de Palais des Beaux-Arts. L'Almanach national nous donne le titre officiel de Renou, qui est qualifié « peintre surveillant à la tenue des Écoles, et secrétaire au ci-devant collège des Quatre-Nations. »

Jusqu'ici deux concours seulement ont fonctionné à l'École. Celui de la Tête d'expression et celui du Torse ou de la Demi-figure peinte. Nous comptons à peine le concours du Prix de Rome, car, nous venons de le voir, l'Institut l'a fait sien. Ce n'est plus un concours de l'École. Vincent propose de créer un concours d'émulation entre les médaillistes. C'est le 21 ventose (12 mars) que Vincent fait part à ses collègues du projet qui l'occupe. Il s'en est entretenu préalablement avec Chaptal, car il insinue que les lauréats du nouveau concours seraient « couronnés dans l'assemblée que le Ministre paraît avoir déterminé d'établir tous les ans pour récompenser ceux qui, pendant l'année, se seraient le plus distingués dans les établissemens de l'instruction publique. »

Vincent ajoute que le ministre charge l'assemblée des professeurs de lui en présenter un projet. Les professeurs rédigeront le règlement du concours dans l'assemblée du 14 floréal (4 mai).

Nous détachons les lignes qui suivent du document élaboré en assemblée :

Pour obvier à un concours trop nombreux, aucun premier médailliste n'y sera admis, que ceux dont la date de l'obtention de leur première médaille ne remontera point au-delà de trois ans, l'année du concours comprise. On pourra remporter ce prix jusqu'à trois fois.

Le concours nouveau des premiers médaillistes entre eux, peintres et sculpteurs, est fixé au lundy, 29 prairial, pour être jugé le 6 messidor prochain. M. Julien présidera cet exercice.

Le 6 messidor (25 juin), eut lieu le « jugement des prix d'émulation institués par son Excellence le Ministre de l'Intérieur, pour l'encouragement et l'émulation des premiers médaillistes entre'eux dans l'Ecole, tant sur une figure dessinée que modelée d'après le modèle vivant. »

Voici le résultat du jugement :

FIGURE DESSINÉE

Prix : Pallière (Julien), de Bordeaux, âgé de 20 ans, élève de Vincent.
Accessit : Bel, de Paris, âgé de 31 ans, élève de David.

FIGURE MODELÉE

Prix : Holleville, de Paris, âgé de 20 ans, élève de Moitte.
Accessit : Rutxhiel (Henry), du département de l'Ourth, âgé de 25 ans (1).

---

(1) Le lauréat de la Tête d'expression, en 1804, fut le peintre Courteille, élève de Suvée, (10 pluviose — 31 janvier); le prix du Torse fut partagé entre Méry-Joseph Blondel, élève de Regnault (10 pluviose) et François-Joseph Heim, âgé de 17 ans et demi, élève de Vincent (12 thermidor — 31 juillet). Le Prix de Rome, chez les peintres, fut décerné le 30 fructidor (17 septembre) à Odevaëre, natif de Bruges, élève de David, sur *Phocion condamné à boire la ciguë*. Chez les sculpteurs, le prix échut à Laitié, élève de Dejoux, (5° jour complémentaire de l'an XII — 22 septembre 1804) sur *Méléagre est supplié par son père de prendre les armes*. Le sujet du concours, en architecture, fut un *Palais de souverain*. Lesueur obtint le grand-prix. Le

Un senatus-consulte organique a conféré au Premier Consul le titre d'Empereur sous le nom de Napoléon 1ᵉʳ (14 floréal — 4 mai). Quelques semaines plus tard, les professeurs assemblés adressent à l'Empereur une demande tendant à ce que les Écoles de peinture, sculpture et d'architecture portent le nom d' « Écoles impériales. »

Il est convenu, lisons-nous au procès-verbal, que le secrétaire écrirait au ministre et que « Vien, Lecomte et Renou commissaires *ad hoc* iront le presser de leur faire obtenir cette grâce de l'Empereur. (24 messidor — 13 juillet).

Renou n'est plus jeune, et, bien qu'il prenne une part active à tous les actes de l'École — sa signature, sa correspondance, ses discours en font foi — peut-être a-t-il paru fléchir ? Le ministre s'est préoccupé de lui donner un auxiliaire. Le 3 fructidor (21 août), Lecomte communique à ses collègues la dépêche qui suit :

Les fonctions de l'École spéciale des Beaux-Arts devenant trop fatigantes pour M. Renou, j'ai cru devoir, Messieurs, lui donner un adjoint, et j'ai fait choix, pour cette place, de M. Mérimée, peintre. Vous voudrez le reconnaître en cette qualité.

Le traitement de M. Renou restera le même : la place de secrétaire-adjoint ne donnant droit à aucun traitement.

« Je vous salue,

CHAPTAL. »

Paris, le 20 thermidor, an XII.

La nomination de Mérimée est une surprise pour

---

13 ventose (4 mars) est fondé le concours des Grands-Prix de gravure en taille douce, devant avoir lieu tous les deux ans. En conséquence, le 24 fructidor (12 septembre) a lieu le jugement du « Grand-Prix de gravure, sollicité par la classe des Beaux-Arts de l'Institut, et agréé par le gouvernement » Le sujet sera invariablement une *Académie d'après nature*, gravée au burin. Le lauréat sera Masquelier (Claude-Louis) élève de son père et de Langlois.

Renou, qui se contente d'écrire en marge de la copie de cette lettre, sur le registre des assemblées :

« Observations du secrétaire : Il ne s'est pas plaint des fatigues du secrétariat. Il ne sçait d'où part ce bruit qu'il ignore. »

« R. »

Mérimée laissera passer la séance du 18 fructidor, mais il apposera sa signature au dessous du procès-verbal de l'assemblée du 25 (12 septembre).

Chaptal est en veine de réformes. En même temps qu'il nomme Mérimée, il appelle Dufourny dans l'Ecole. à un titre tout exceptionnel.

Je vous adresse, Monsieur, écrit-il à Lecomte, une ampliation de l'arrêté par lequel j'établis une gallerie d'architecture près l'Ecole spéciale des Beaux-Arts. Vous voudrez bien en faire part aux professeurs de cette Ecole,

J'ai nommé M. Dufourny, Directeur-Conservateur de cette gallerie, et il jouira, en cette qualité, d'un traitement de six mille francs par an. Vous voudrez bien le comprendre sur les états de l'Ecole, à compter du premier fructidor prochain.

Je vous salue, Chaptal (1).

L'année se ferme pour l'Ecole sur le décès du statuaire Pierre Julien, professeur et membre de l'Institut, qui s'est éteint « au pavillon des Quatre-Nations, dépendance du Palais des Beaux-Arts » Julien est mort le 26 frimaire an XIII (17 décembre 1804).

Le 17 nivose, (7 janvier 1805), les professeurs se sont rendus en députation chez le ministre, et, le même jour, ils reçoivent une lettre officielle les autorisant à présenter un candidat en remplacement de Julien. Quinze professeurs prennent part au vote. Houdon obtient la majorité

---

(1) Cette lettre datée du 20 thermidor (8 août) fut communiquée aux Professeurs le 3 fructidor (21 août).

des suffrages. Il sera nommé professeur le 4 pluviose (24 janvier) (1).

Chaptal a quitté le ministère. Il est remplacé par Champagny. Les rapports de l'Ecole avec l'administration deviennent, ce semble, moins fréquents. Les Professeurs décident de fixer leurs assemblées régulières au dernier samedi de chaque mois. Mérimée a pris en mains le service de Renou. Celui-ci sera désormais qualifié du titre de « Secrétaire perpétuel. » La surveillance des Ecoles est confiée au concierge Phélipot. Le Collège des Quatre-Nations ne renferme pas de local convenable pour les jugements. Les Professeurs, aussi bien que la Classe des Beaux-Arts, continuent de se réunir au Louvre, dans la salle du Laocoon lorsqu'ils ont à juger les concours d'Ecole ou celui du Prix de Rome.

La correspondance officielle parvient à Renou. Si Mérimée s'occupe des détails de l'administration, le Secrétaire perpétuel ne cesse pas d'être considéré, ainsi que l'exige sa fonction. Il assiste à toutes les séances, et prend part au discussions ouvertes entre les Professeurs. C'est lui, et non Mérimée, qui saisit l'assemblée des événements qu'il croit devoir porter à sa connaissance. Hélas ! dans le cours des deux années qui lui restent à vivre, il sera trop souvent le messager des deuils de l'Ecole française.

C'est ainsi que le 19 germinal (9 avril) « en ouvrant la

---

(1) En 1805, le 29 nivose (19 janvier), le prix de la Tête d'expression fut décerné au peintre Chasselat. Le sujet avait été la *Surprise mêlée de joie*. Grévedon remporta le prix du Torse. Félix Boisselier fut le lauréat du concours de Rome, en peinture, sur la *Mort de Démosthène*. En sculpture, Grégoire Giraud obtint le prix sur *Evandre, tué en allant à la rencontre de son fils Pallas, est rapporté sur un brancard de branches de chêne*. Chez les architectes, le sujet donné avait été *Six maisons pour six familles*. Le prix fut décerné à Guénepin oncle.
En cette même année eut lieu la fondation du concours de gravure en médailles et sur pierres fines, devant avoir lieu tous les quatre ans. Le sujet donné fut *Le génie de la gravure présente un cachet à l'Empereur, qui lui donne une couronne*. Nicolas-Pierre Tiollier obtint le prix.

séance le Secrétaire perpétuel fait part à l'assemblée de la mort de M. Jean-Baptiste Greuze, membre de l'ancienne Académie de Peinture et Sculpture, décédé en sa demeure, rue des Orties, n° 11, galerie du Louvre, le 1ᵉʳ de ce mois » (22 mars). Nous avons lieu de penser qu'au début du dix-neuvième siècle on n'avait pas coutume de couvrir les bières de fleurs ou de couronnes, au moment des obsèques, comme on l'a fait depuis avec une prodigalité qui confine parfois à la profusion. En effet, Renou apprend à ses collègues que « lors de la présentation du corps de M. Greuze à Saint-Germain-l'Auxerrois, sa paroisse, une de ses élèves, au nom de ses camarades, a déposé sur le cercueil une couronne de fleurs appelées « immortelles. » Le Secrétaire « n'a pas cru que ce trait fût indigne d'être consigné dans les registres. »

Le 30 germinal (20 avril), la députation nommée pour se rendre auprès de M. de Lagrenée l'aîné, considère l'état de ce collègue comme très inquiétant. Son frère, Lagrenée jeune, fait tenir à l'assemblée les nouvelles les plus alarmantes. Toutefois, ce n'est pas Lagrenée l'aîné qui va disparaître. Il ne décèdera que le 30 prairial (19 juin) (1). Et Renou, en l'assemblée du 23 floréal (13 mai), notifie aux professeurs « la mort de Charles-Antoine Bridan, statuaire, professeur de l'Ecole spéciale des Beaux-Arts, décédé rue d'Enfer-Saint-Michel, n° 84, le 8 du présent mois (28 avril). Il laisse un fils, son élève dans son art, qui annonce et a prouvé des talents dignes de la

---

(1) Louis-Jean-François Lagrenée l'aîné, dans le procès-verbal du 19 messidor, an XIII (8 juillet 1805), est qualifié de « membre de la Légion d'honneur, ancien premier Peintre d'Elisabeth, impératrice de Russie, ancien Directeur de l'Académie de France à Rome, ex-conservateur du musée Napoléon, membre honoraire des Académies de Saint-Pétersbourg et de Toulouse, professeur-recteur des écoles spéciales de Peinture et Sculpture de Paris. » Il est décédé le 30 prairial, an XII « dans la 81ᵉ année de son âge, aux galleries du Louvre. »

mémoire de son père, mais sa veuve est sans biens. »
Une note marginale est ainsi conçue : « Il sera conseillé
à madame Bridan de faire une pétition au ministre ; elle
sera appuyée par les Professeurs. »

Vien, malgré son grand âge, préside le 14 thermidor
(2 août) le jugement du Torse. Sa femme, d'une santé
chancelante, est sérieusement menacée aux approches de
l'automne. Le 30 frimaire an XIV (21 décembre), Lecomte
et Renou sont envoyés en députation auprès d'elle, et
le 20 nivôse (10 janvier 1806), Renou a la triste mission
d'annoncer à ses confrères « la mort de madame Marie-
Thérèse Reboul, épouse de M. Vien, et de la cy-devant
Académie royale de Peinture et Sculpture, décédée, petite
place du Muséum, le 7 nivôse (28 décembre 1805), et présentée à la paroisse de Saint-Germain-l'Auxerrois. »

C'est en cette même séance que Renou donna lecture
d'un arrêté organique réglant le nombre, le titre et le
traitement des professeurs de l'École. Cette pièce est de
trop haute importance pour n'être pas citée intégrale-
ment :

« Paris, le 30 frimaire, an XIV (21 décembre 1805)

Le Ministre de l'Interieur, arrête :

Art. 1er. — Dans l'École spéciale de peinture et de sculpture, les professeurs enseignans continueront d'être au nombre de douze, savoir :
six peintres et six sculpteurs. Le nombre des recteurs ou surveillans
restera fixé à quatre seulement, et les places vacantes dans cette classe
ne seront accordées qu'à des professeurs qui auront atteint l'âge de
soixante-dix ans accomplis, ou que des infirmités graves empêcheroient
de pouvoir continuer leurs fonctions de professeurs enseignans.

Art. 2. — A l'avenir, il n'y aura plus d'adjoints parmi les professeurs
de l'École spéciale de peinture et de sculpture. Les professeurs adjoints
actuels ne formeront qu'une seule classe avec les professeurs enseignans,
mais les traitements, dont jouissent présentement ces adjoints, n'augmen-
teront que par le décès de quelque professeur, qui laissera des fonds
disponibles.

Art. 3. — En conséquence des dispositions précédentes, M. Bachelier, actuellement adjoint à recteur, aura le titre de recteur, et joüira du traitement vacant par la mort de M. Lagrenée l'aîné, professeur recteur.

M. Boizot, professeur adjoint, prendra le titre de professeur, et joüira du traitement maintenant vacant par la mort de M. Bridan, professeur de sculpture.

M. Dejoux, professeur adjoint aura le titre de professeur, mais sans augmentation de traitement.

La place de professeur de sculpture à laquelle il est nécessaire de nommer, pour compléter le nombre de six professeurs de sculpture, sera donnée conformément aux dispositions de la loi du 11 floréal, an X, sur l'instruction publique.

MM. Regnault et Berthélemy sont nommés, pour compléter les six professeurs de peinture, mais leurs traitemens n'éprouveront aucune augmentation.

A Paris, le 30 frimaire, an XIV.

Le Ministre de l'Intérieur,

Signé : Champagny. » (1)

Cet arrêté mit fin à une situation fâcheuse qui, en se prolongeant, risquait de compromettre les intérêts de l'École. Les professeurs et les adjoints tenaient leur titre, sinon leurs fonctions, de l'ancienne Académie. A vingt reprises, de 1793 à 1805, ils sollicitèrent le droit de se recruter eux-mêmes, au fur et à mesure des extinctions. Ils eussent désiré que la fonction d'adjoint conduisît naturellement au professorat.

Les divers ministres que les professeurs essayèrent de convaincre firent la sourde oreille. La loi de floréal an X fut une réponse indirecte.

Elle visait les Écoles spéciales. Il était évident que

---

(1) L'article XXIV de la loi du 11 floréal an X (1ᵉʳ mai 1802), sus visée, est ainsi conçu : « Les écoles spéciales qui existent seront maintenues, sans préjudice des modifications que le Gouvernement croira devoir déterminer, pour l'économie et le bien du service. Quand il y vaquera une place de professeur, ainsi que dans l'École de droit qui sera établie à Paris, il y sera nommé par le Premier Consul entre trois candidats qui seront présentés : le premier, par une des classes de l'Institut national ; le second, par les inspecteurs généraux des études, et le troisième par les professeurs de l'École où la place sera vacante ».

l'École des Beaux-Arts, spéciale au premier chef, n'échapperait pas à la règle posée. Cependant, les peintres et sculpteurs, qui constituaient le corps enseignant de cette institution, se refusaient à croire qu'ils n'obtiendraient pas un privilège. Champagny leur enleva toute illusion. Le pouvoir central ne voulut pas se dessaisir du droit de nomination. Le décret qui appelle Houdon à professer à l'École porte la signature de l'Empereur. Renou ne fut pas étranger à la rédaction de l'arrêté de décembre 1805. Bien qu'il eut été secrétaire de l'Académie, Renou ne se sentait pas en cause lorsqu'il était question des professeurs et des adjoints. Il apportait plus de liberté d'esprit que ses confrères dans l'appréciation du débat constamment soulevé, et si quelqu'un se plaça, sans trop d'effort, sur un terrain de conciliation, dans les entrevues multiples qu'il eut avec l'administration centrale, c'est Renou (1).

Le 4 mars, le ministre de l'Intérieur informait les professeurs de la mort de Rieux, professeur de stéréotomie, et les invitait à présenter un candidat susceptible d'occuper cette chaire. Le scrutin désigna Rondelet, architecte du Panthéon. Ce choix fut ratifié le 31 mai par l'Empereur. Le même jour, Dejoux se vit allouer le traitement de professeur.

Les deuils s'ajoutent aux deuils. Le 1er floréal an XIV (21 avril 1806) le secrétaire annonce la mort de « M. Jean-

---

(1) En 1805, le 17 pluviôse (6 février), le prix de la Tête d'expression fut partagé entre Rutxhiel, sculpteur, et Alexandre Guillemot, peintre. Le sujet avait été *la Profonde vénération*. Le prix du Torse échut à François Monnais. Au concours de Rome, les peintres eurent à traiter le *Retour de l'Enfant prodigue*. Le nom de Félix Boisselier, lauréat de 1805, est de nouveau inscrit sur les registres. Boisselier aurait, ainsi, obtenu deux fois le premier Grand-Prix. En sculpture, il est établi pour la première fois que le concours pourra comporter, alternativement, une ronde bosse ou un bas-relief. Le sujet à traiter, en ronde bosse, est *Philoctète, blessé, quitte Lemnos*. Grégoire Giraud, également lauréat en 1805, se voit décerner le premier Prix. Les architectes eurent à traiter un *Palais pour la Légion d'honneur*. Dedeban remporta le premier Prix. Le lauréat du concours de gravure en taille douce fut Théodore Richomme.

Jacques Bachelier, âgé de 82 ans, décédé le 13 avril au soir (23 germinal), à l'École gratuite de dessin, dont il était le fondateur et le directeur. Il était membre de la cy-devant Académie, et recteur «surveillant» des Écoles spéciales de peinture et de sculpture. Il a été présenté le 16 du présent mois à Saint-Sulpice, sa paroisse ».

Nous savons que le titre de recteur surveillant constituait une sorte d'honorariat.

L'arrêté de Champagny définit les conditions dans lesquelles un professeur titulaire peut être nommé recteur.

Le 6 floréal (26 avril), Gois, âgé de 75 ans, est présenté par les professeurs pour le titre de recteur.

Le 11 fructidor (19 août) c'est un nouveau décès que Renou notifie à l'assemblée des professeurs. Il s'agit de « Jean-Honoré Fragonard, de la cy-devant Académie, mort le 4 de ce mois (22 août), dans la 75e année de son âge, et présenté à Saint-Roch, sa paroisse. » Enfin, le 9 octobre, le Secrétaire, toujours à son poste, s'acquitte une dernière fois de la tâche douloureuse d'annoncer la mort d'un confrère.

« Clément-Louis-Marie-Anne Belle, professeur-recteur des Écoles spéciales de peinture, sculpture et architecture, inspecteur des Gobelins pour la partie de l'art, et professeur de dessin à la dite manufacture, est décédé le mardi 30 septembre. Il a été présenté à Saint-Médard, sa paroisse. »

En cette même séance, les professeurs désignent au ministre « M. Lecomte, statuaire, âgé de soixante-dix ans, pour succéder à M. Belle, à la place de recteur. » Renou signera encore le procès-verbal du 20 octobre. Il n'assistera pas à l'assemblée du 29 novembre, et le 17 décembre, Vincent, faisant l'office de secrétaire, annonce la mort du secrétaire perpétuel. Il était décédé le 13 décembre au Palais des Beaux-Arts, c'est à dire en ce même Collège des Quatre-Nations où, adolescent, il avait fait ses humanités. Ses obsèques eurent lieu le 15 en l'église Saint-Germain-des-Prés.

Gault de Saint-Germain, le contemporain de Renou, le dit « ancien secrétaire de l'Académie, ancien peintre du roi de Pologne, duc de Lorraine, et membre de l'Académie des Sciences, Belles-Lettres et Arts de Rouen, et de la Société Patriotique de Hesse-Hombourg ! » Tant de titres évoqués devant la mort ont je ne sais quoi de puéril. Ils nous remettent en mémoire la fière parole du maréchal Ney, auquel on venait lire l'arrêt de la Haute-Cour qui le condamnat à être fusillé. Comme la sentence renfermait, à diverses reprises, ses titres de duc d'Elchingen et de prince de la Moskowa : « Qu'est-ce que cela ? Monsieur ! dites plus simplement Michel Ney, et un peu de poussière !.. » Le vrai titre qui convienne à Renou, le seul qui le grandisse, est celui de Secrétaire de l'École des Beaux-Arts.

Nicolas Ponce, son ami, a parlé de lui avec plus de mesure :

« Quoique d'un caractère assez grave, écrit Ponce, quelquefois même un peu sévère, M. Renou était aimable en société ; il avait su se faire aimer des jeunes gens avec lesquels sa place de Surveillant des études le mettait dans un rapport habituel. Les discours qu'il prononçait chaque année, lors de la distribution des prix des Écoles de dessin, sont tous des modèles dans leur genre. Il semble voir un bon père converser avec ses enfants, et leur donner ses avis, avec cet intérêt tendre, cette sollicitude qu'inspire la jeunesse aux vieillards animés de l'amour de leurs semblables. Parvenu à l'âge de soixante et quinze ans, toujours plus occupé des arts et des lettres que des calculs de l'intérêt, ou des spéculations de la fortune, M. Renou a terminé sa carrière en décembre 1806, laissant une veuve et deux jeunes enfants, plus riches des vertus de leur époux et de leur père, de l'estime et de la considération qu'il avait obtenues, que du patrimoine qu'il leur a laissé » (1).

Peintre, écrivain, poète, auteur dramatique, Renou, sous ces divers aspects, ne s'est pas survécu. Homme aux vertus moyennes et dispersées, il n'impose pas à ses contemporains. Soudain, une commotion politique fait de lui un éducateur. Renou a soixante-trois ans. Il prend conscience de lui-même. Il a l'intuition du devoir qui l'attend, et, durant treize années, son intelligence et sa volonté se dépenseront dans l'accomplissement généreux d'une direction laborieuse et délicate. Il est l'âme de l'École renaissante ; il est le centre vers lequel convergent les espérances de la jeunesse, le dévouement des maîtres. A de certaines heures, sous le Directoire par exemple, l'abnégation des professeurs, étroitement unis à leur Secrétaire, s'exalte jusqu'au sacrifice. Ces hommes, sans fortune personnelle, n'hésitent pas à faire plus précaire encore, l'aisance modeste de leur foyer pour sauver l'École de la ruine. Que Renou ait été le promoteur des héroïques résolutions, qu'il faille en chercher l'auteur autour de lui, qu'importe ? C'est lui qui sera le mandataire des professeurs auprès du pouvoir, c'est lui qui appliquera les décisions prises par ses pairs, c'est lui qui sera l'annaliste des heures difficiles traversées par l'École à son aurore. Sa clairvoyance, son activité, la tendresse aimable qui, chez lui, se surajoute au don de soi, ne permettent pas qu'on l'oublie.

(1) Il avait épousé Louise-Antoinette Lucas, qui vivait encore en 1810. Une lettre de madame veuve Renou, au citoyen Corbin, datée de 1810, a fait partie de la collection Lucas de Montigny, passée en vente en 1860.

TABLE DES NOMS CITÉS

Adam (Lambert-Sigisbert), sc., 3, 5.
Adam (l'un des), sc., 8.
Allegrain (G.-C.), sc., 12, 31, 42, 51.
Angiviller (le comte d'), 21.
Anguier (Michel), sc., 72.
Bachaumont, écrivain, 14, 15.
Bachelier (Jean-Jacques), p., 24, 31, 43, 80, 82.
Barbier (Jacques-Luc), p., 37.
Barras, président du Directoire, 58.
Bartolini (Lorenzo), sc., 70.
Basseville, secrétaire de la légation de France à Rome, 44.
Beaubrun (Henri de), p., 29.
Béchant (Joseph), sc., 12.
Bel, p., 75.
Belle (C.-L.-M.-A.), p., 31, 54, 83.
Benezech, ministre de l'Intérieur, 44, 46, 51, 53.
Berruer (Pierre), sc., 24, 31, 50.
Berthélemy (J.-S.), p., 21, 24, 31, 56, 80.
Berthier (le général), 70.
Berwick (duc de), général, 1.
Blaise (Barthélemy), sc., 56.
Blondel (Méry-Joseph), p., 71, 75.
Boisselier (Félix), p. 77, 81.
Boizot (S.-L.), sc. 35, 36, 52, 56, 80.
Boizot, fils (A.-H.), p., 37.
Bonaparte (le général), 50, 58, 66.
Bonaparte (Lucien), ministre de l'Intérieur, 63.
Bosse (Abraham), gr., 29.
Bouchardon (Jacques-Philippe), sc., 8.
Boucher (François), p., 4, 5, 7.
Bouchet (Louis-Gabriel), p., 50, 70.
Bouillon (Pierre), p., 46, 49, 70.
Boulanger (Louis), p., II.
Bourdon (Sébastien), p., 29, 72.

Bourgeois (Léon), ministre de l'Instruction publique et des Beaux-Arts, I.
Boyer (Jean-Louis), sc., 37.
Bridan (Charles-Antoine), sc., 31, 79, 80.
Bridan fils (Pierre-Charles), sc., 79.
Brunetti père, p., 4.
Brunetti fils, p., 4.
Buonarroti (Michel-Ange), p., et sc., 48.
Cadoudal (Georges), 74.
Cailleteau (Jean), dit L'Assurance, arch., 3, 5.
Callamard (Charles-Antoine), sc., 37, 50, 70.
Callot, élève de l'École, 36, 37.
Catherine de Russie (l'Impératrice), 14.
Caylus (de), 33, 44, 46, 47, 48, 50, 52.
Chabot (duc de), 24.
Champagny, ministre de l'Intérieur, 77, 80, 81, 82.
Champaigne (Philippe de), p., 72.
Championnet (le général), 57.
Chaptal, ministre de l'Intérieur, 66, 67, 68, 74, 76, 77.
Chardin (J.-B.-S.), p., 21.
Chasselat (Charles-Abraham), p., 77.
Châteauroux (Mme de), 1.
Chaudet (Antoine), sc., 51, 56.
Chenavard (Mme), II.
Chenevières (Philippe, marquis de), directeur des Beaux-Arts, 4, 19.
Chevrier, écrivain, 10.
Claudot (Charles), p., 10, 12.
Clémence (Joseph), arch., 52.
Clément de Ris, homme politique, 35.
Cochin (Charles-Nicolas), gr., secrétaire de l'Académie, 14, 23, 24, 25.

Collin (Dominique), gr., 10.
Corbin (le citoyen), 84.
Corneille père (Michel), p., 29.
Costé (Mlle), 13.
Courteille, p., 75.
Coussin (J.-Antoine), arch., 50.
Coustou fils (Guillaume), sc., 4, 5.
David (Louis), p., 21, 24, 25, 28, 32, 52, 66, 75.
Dedeban (J.-B)., arch., 82.
Dejoux (Claude), sc., 26, 56, 60, 70, 75, 80, 82.
De La Rue (P.-B.), p., 21.
Delaville (Louis), sc., 52, 68.
Desaix (le général), 58.
Devosges (François), p., 42.
De Wailly, arch., 23.
Diderot (Denis), écrivain, 6, 7, 13, 14, 18, 61, 72.
Duban (Félix-Jacques), arch., 55.
Dubois (Paul), statuaire, directeur de l'Ecole, II.
Dubut (Frédéric-Guillaume), sc., 8.
Dubut (Louis-Ambroise), arch., 50.
Ducq, p., 50, 51.
Dufourny (Léon), arch., 76, 77.
Du Fresnoy (Charles-Alphonse, p., 23, 28, 37.
Dumont (Aristide), secrétaire de l'École, I.
Dumont, sc., 51.
Dupaty (Charles), sc., 61, 70.
Dupleix (le marquis), gouverneur de Indes, 1.
Durameau (Louis), p., 31, 51.
Durand, arch., 64.
Durival, écrivain, 10.
Egensviller (Pancrace), sc., 70.
Egmont (Juste d'), p., 29.
Errard (Charles), p., 29.
Espercieux (Jean-Joseph), sc., 51.
Falconet (Etienne-Maurice), sc., 3, 5.
Famin (A.-P.-S.-M.), arch., 59, 67.
Félibien (André), écrivain, 72.
Foucou (Jean-Joseph), sc., 51, 56.
Fragonard (Jean-Honoré), p. 82.
François de Neufchâteau, ministre de l'Intérieur, 51, 56, 58, 59, 62.

Franque (Pierre et Joseph) p., 37.
Frédéric V, roi de Danemarck, 48.
Garat, homme politique, 35.
Gasse (Louis), arch., 61.
Gaudar (Alphonse), p. 61, 64, 67, 70.
Gaulle (Edme), sc., 71.
Gault de Saint-Germain (P.-M.), écrivain, 83.
Gautherot (Claude), p., 52.
Gérard (François), p., 56.
Gibelin, administrateur, 66.
Gillet (Nicolas-François), sc., 8.
Gingnené (P.-L), directeur général de l'Instruction publique, 35, 37, 38, 41-50, 53.
Girardet (Jean), p., 10, 12.
Giraud (Grégoire), sc., 77, 82.
Girault, sc., 54, 56.
Girodet (Anne-Louis), p., 56.
Gois (E.-P.-A.), sc., 31, 82.
Granger, p., 52, 64, 71.
Greuze (J.-B.), p., 14, 78.
Grévedon, (P.-L.), p., 77.
Guénepin, oncle, arch., 77.
Guérin (Pierre-Narcisse), p., 37, 47, 49, 70.
Guiffrey (J.-J.), administrateur de la manufacture des Gobelins, 14, 42.
Guillaume (Eugène), statuaire, directeur de l'Ecole, II.
Guillemot (Alexandre), p., 81.
Harriet (F.-J.), p., 52, 58, 70.
Hédouville (le général), 58.
Heim (François-Joseph), p., 75.
Hersent (Louis), p., 64.
Hertfort (le marquis d'), 4.
Heurtier (J.-F.), arch., 23.
Hoflmann, p., 21.
Holleville, sc., 75.
Houdon (Jean-Antoine), sc., 24, 35, 36, 41, 56, 60, 67, 81.
Hugo (Victor), poète, II.
Ingres, père (J.-M.-J.), p., 71.
Ingres (J.-A.-D.), p., 61, 67, 69, 71.
Jacquemont, chef de division au ministère de l'Intérieur, 53, 54, 57.
Jacquot (Albert), 10.
Jollain (N.-B.), p., 24.

TABLE DES NOMS CITÉS

Joly, écrivain, 10.
Joubert (le général), 57.
Julien (Pierre), sc., 31, 75, 77.
Julien de Parme, p., 59, 60.
Junot (le colonel), 58.
Kellermann (le général), 57.
La Barre, arch., 61.
La Garde, secrétaire du Directoire, 58.
Lagrenée, aîné (L.-J.-F.). p., 31, 79, 80.
Lagrenée, jeune (J.-J.), p., 31, 79.
La Hyre (Laurent de), p., 29.
Laitié (C.-R.), sc., 75.
Lamour (Jean), serrurier. 10.
Landon, p., 48, 67, 68.
Langlois, gr., 75.
L'Assurance, Voy. Cailleteau (Jean).
La Tour (Maurice-Quentin de), p., 21, 33, 44, 48, 50.
Le Barbier l'aîné (J.-J.-F.), p., 24, 54, 56.
Le Breton (Joachim), secrétaire perpétuel de l'Académie des Beaux-Arts, 44.
Le Brun (Charles), p., 19, 20, 29, 66, 72.
Leclerc (Louis-Auguste), sc., 8.
Le Comte (Félix), sc., 31, 62. 63, 65, 66, 68, 76, 79, 83.
Leczinski (Stanislas), roi de Pologne, 1, 7, 10, 11, 12.
Lejeune (L.-F.), p., 70.
Lekain, tragédien, 11, 18.
Lemierre (A.-M.), poète, 15-18.
Le Monnier, p., 56.
Lemot (F.-F.), sc., 56, 62, 70.
Lenoir (Albert), architecte, secrétaire de l'Ecole. 1.
Lepage, écrivain, 10.
Leroy (David), arch., 49.
Le Sueur (Eustache), p., 29.
Lesueur (J.-B.-C.), arch., 75.
Le Thière (G.-G.), p., 56.
Letourneur, ministre de l'Intérieur, 51.
Loir (Nicolas), p., 72.
Loriot, mécanicien, 21.

Lorta (Jean-Pierre), sc.. 51.
Louis XV, 1, 4.
Lowendal (comte de), maréchal de France, 1.
Lucas (Louise-Antoinette) Voy. Renou (Mme).
Macdonald (le général), 57.
Marin (Joseph-Charles), sc., 64, 67.
Marsy (l'abbé de), 16.
Masquelier (Claude-Louis), gr., 75.
Masséna (le général), 58.
Matte (N.-A.), sc., 67, 69.
Meaume, écrivain, 10.
Menjaud (Al.), p., 69.
Mérimée (Léonor), peintre, secrétaire de l'Ecole, 1, 76, 77, 78.
Meynier (Ch.). p., 56.
Michel, écrivain, 10.
Miger (Simon-Charles), gr., 23, 24.
Mignard (Nicolas), p., 72.
Milhomme (F.-D.-A.), sc., 37, 67.
Moitte (J.-G.), sc., 56, 71, 75.
Monnais (Guillaume-François), p., 81.
Monot (M.-C.), sc., 56, 69.
Monsiau (N.-A.), p., 56.
Montaiglon (Anatole de), écrivain, 22.
Montcalm (marquis de), général, 1.
Montigny (Lucas de), 84.
Moreau le jeune, p., 23.
Morgan (J.-J.), sc., 51.
Morveau (de), chimiste, 22.
Mouchy (L.-P.), sc., 31, 68, 69.
Munick dit Mœnch, p., 37.
Müntz (Eugène), écrivain, I.
Ney (le maréchal), 83.
Nicetti (demoiselle), directrice de la comédie à Nancy, 11.
Nocret (Jean), p., 72.
Odevaëre, p., 75.
Opalinska (Catherine), 12.
Oudry, (Jean-Baptiste), p., 4, 5.
Pagot (F.-N.), arch., 71.
Pajou (Augustin), sc., 24, 31, 54.
Pajou (Jacques), p., 50.
Pallière (Julien), p., 75.

TABLE DES NOMS CITÉS

Perrier (François), p., 29.
Perrin (J.-C.-N.), p., 56.
Peyron (J.-F.-P.), p., 56.
Phélipot, concierge des Ecoles, 60, 61, 78.
Pierre (Jean-Baptiste-Marie), p., 4, 6, 14.
Pigalle (Jean-Baptiste), sc., 4, 5.
Pompadour (Mme de), 1, 4, 5.
Ponce (Nicolas), écrivain, 9, 10, 16, 23, 83.
Poussin (Nicolas), p., 72.
Quatremène de Quincy, archéologue, secrétaire perpétuel de l'académie des Beaux-arts, 25, 26, 27.
Ramey (Claude), sc., 51, 56.
Reboul. *Voy.* Vien (Mme).
Regnaudin (Thomas), sc., 72.
Regnault (J.-B.), p., 54, 56, 66, 75, 80.
Renou (Louise-Antoinette Lucas, Mme), 84.
Richomme (Théodore), gr., 82.
Rieux, professeur de stéréotomie, 82.
Robert-Fleury (Joseph-Nicolas), peintre, directeur de l'Ecole, II.
Robinea (Mlle), modèle, 46, 47.
Rohault (Hubert), arch., 70.
Roland (Philippe-Laurent), sc., 56.
Rondelet (Jean), arch., 82.
Roslin (Alexandre), p., 25.
Rutxhiel (Henry), sc., 75, 81.
Saint-André, gr., 19.
Saint-Mauris, écrivain, 10.
Sainte-Beuve (C.-A.), écrivain, II.
Saly (Jacques), sc., 4, 48.
Sanzio (Raffaello) p., 72.
Sarazin (Jacques), sc., 29.

Saxe (Maurice, comte de), maréchal de France, 1.
Soulgen (Jean-Joseph), sc., 12.
Stouf (Jean-Baptiste), sc., 42, 51, 56.
Sue (J.-J.), chirurgien, 55.
Suvée (J.-B.), p., 31, 43, 44, 46, 50, 64, 65, 67-71, 75.
Taillason (J.-J.) p., 56.
Taraval (Thomas-Raphaël), p., 8.
Théaulon (Et.). p., 21.
Tieck (Friedrich), sc., 64.
Tiollier (N.-P.), gr. en méd., 77.
Titien. (*Voy.* Vecellio).
Valenciennes (P.-H.), p., 25.
Vallot (S.), arch., 64.
Vanloo (Amédée), p., 8, 42, 51.
Vanloo (Carle), p., 4, 5.
Vanloo (Louis-Michel), p., 8.
Vanloo (l'un des), p., 31, 42.
Van Opstal (Gérard), sc., 29, 72.
Van Spaendonck, p., 21.
Vecellio (Tiziano), p., 72.
Verbeck (Jacques), sc., 4.
Vernet (Claude-Joseph), p., 4, 5.
Vernet (Carle), p., 14, 56.
Véronèse (Paul), p., 72.
Vien (Joseph-Marie), p., 6, 7, 8, 24, 25, 27, 31, 56, 57, 64, 69, 74, 76, 79.
Vien (Marie-Thérèse Reboul, Mme), p., 79.
Villars (le maréchal de), 1.
Vincent (François-André), p., 24, 31, 60, 68, 74, 75, 83.
Vincent, arch., 59.
Vinit (Léon), peintre, secrétaire de l'École, 1.
Walferdin, écrivain, 13.

TYPOGRAPHIE G. VILETTE

61, rue du Faubourg-Saint-Denis

PARIS

www.ingramcontent.com/pod-product-compliance
Lightning Source LLC
Chambersburg PA
CBHW070314100426
42743CB00011B/2449